gelesen am 22.6.08

Klett-Cotta Leben!

Diana Drexler

Gelassen im Stress

Bausteine für ein achtsameres Leben

Klett-Cotta

Klett-Cotta *Leben!*
www. klett-cotta.de

Printed in Germany
Umschlag: Roland Sazinger, Stuttgart
Titelbild: © Creasource/Corbis
Auf säure- und holzfreiem Werkdruckpapier gedruckt und gebunden von Kösel, Krugzell
ISBN 978-3-608-86003-0

Zweite Auflage, 2007

Bibliographische Information der Deutschen Nationalbibliothek
Die Deutsche Nationalbibliothek verzeichnet diese Publikation in der Deutschen Nationalbibliographie; detaillierte bibliographische Daten sind im Internet über http://dnb.d-nb.de abrufbar.

Inhalt

Einleitung

Bitte nicht helfen,
das Leben ist schon schwer genug.

Seit vielen Jahren beschäftige ich mich mit dem Thema *Stress* und habe zahlreiche Gruppenseminare in Kliniken, in der betrieblichen Gesundheitsförderung und in Weiterbildungsinstituten für Kollegen durchgeführt. In diesem Frühjahr ist dazu ein Handbuch mit Übungen und Materialien für Therapeuten und Berater erschienen (Integriertes Stressbewältigungsprogramm, ISP, Drexler 2006), und nun halten Sie ein Buch für den Alltagsgebrauch in Händen. Dies ist gar nicht so folgerichtig, wie es klingt, denn eigentlich bin ich überzeugt, dass dieses Thema für einen Ratgeber nicht taugt. Das klingt für Sie vielleicht kokett angesichts der Flut von Literatur, die es zu den Themen Stress und Gesundheit, Fit- und Wellness ohnehin schon gibt. Der Bedarf und somit ein Markt für solche Produkte und Dienstleistungen ist jedenfalls da – und fast jeder von uns, einschließlich ich selbst, hat schon einmal eines dieser Bücher erworben. Warum dann meine Vorsicht und Zurückhaltung?

Zunächst einmal legt das *Anti* vor einem Begriff (wie Anti-Stress, Anti-Fett, Anti-Aging) nahe, dass dieser etwas Schlimmes benennt, das folglich zu ändern oder gar auszuschalten ist. Dabei wird in vielen Ratgebern ganz selbstverständlich unterstellt, dass dies möglich ist und dass danach alles viel besser wird. Erfahrungsgemäß stimmt jedoch beides nicht. Um beim Thema Stress zu bleiben: **Stress per se ist nichts Schlimmes**. In seiner ursprünglichen Bedeutung bezeichnet der Begriff eine Aktivierungsreaktion auf Anforderungen. So gesehen ist Stress lebensnotwendig für die menschliche Entwicklung und ein Motor für Veränderung. Es gibt sogar Hinweise darauf, dass Stress gesundheitsförderlich ist – sofern Sie passende Bewältigungsmöglichkeiten und soziale Unterstützung haben und wenn Sie die Anforderungen als Herausforderung sehen können, für die sich die Anstrengung lohnt. Darüber hinaus wartet unser Leben ständig und reichlich mit Ereignissen auf, auf die wir nicht sofort eine Antwort haben oder zu reagieren wissen. Schicksalsschläge, Krankheit, Alter, aber auch die alltäglichen, belastenden Vorkommnisse sind durch den richtigen Lebensstil nicht zu vermeiden. Selbst glückliche Ereignisse können stressig sein, zum Beispiel eine Beförderung, Verliebtsein oder der lang ersehnte Familienzuwachs. Und schließlich kann man Gelassenheit, Gesundheit oder gar Glück nicht erwerben wie ein Reihenhaus. Genau das aber steckt hinter der Wunschvorstellung, ein problem- und leidensfreies Leben führen zu wollen oder zu können. In unserer so genannten Wohlstandsgesellschaft wird Gesundheit gehandelt wie ein Produkt, das man herstellen, erwerben oder kaufen kann und das, als höchstes Gut, natürlich seinen Preis hat. Entsprechend boomt der Markt für Ratgeber, Nahrungsergänzungsmittel und Gesundheitsseminare. *Fit* und *fun*, *forever young* und *simplify* ist die Devise, und es gibt kaum eine Werbung ohne Gesundheits- oder Glücksversprechen. Spannend daran ist, dass mit den fundamentalen Fortschritten der Wissenschaft und der medizinischen Versorgung keine Verbesserung des individuellen Gesundheitserlebens einhergegangen ist, im Gegenteil: Noch nie waren emotionale Befindlichkeitsstörungen verbreiteter. Stress ist in aller Munde, und die damit verbundenen Beschwerden nehmen zu. Viele Menschen – oft gerade solche, die besonders gesundheitsbewusst sind und viel für ihre körperliche Fitness tun – fühlen sich trotz ihrer Bemühungen keineswegs gesünder, im Gegenteil: Sie haben das Vertrauen in ihren Körper verloren und reagieren schon bei Unbehagen oder bei altersbedingt zu erwartenden körperlichen Veränderungen mit Krankheitsängsten und Verunsicherung. Die Toleranz gegenüber Beschwerden, Symptomen und Belastungen ist erheblich geringer als vor hundert Jahren, und sobald ein Leiden auftaucht, muss seine Ursache ausfindig gemacht, muss es abgeschafft werden. Im Gefolge des wirtschaftlichen und technischen Fortschritts werden lebensfremde Machbarkeits- und Allmachtsphantasien begünstigt und immer neue Bedürfnisse produziert. Wenn immer schnellere Lösungen für bzw. Ablenkungen von Problemen verlangt werden, dann soll auch emotionale Befindlichkeit reguliert werden können, wie man es von unserer hoch technisierten Umgebung gewohnt ist. Dadurch entstehen statt Zufriedenheit und Befriedigung eher neue Ängste einerseits und Übersättigung andererseits. Außerdem richtet sich das Leben nicht nur nach unseren Wünschen. Es wird immer Risiken, unausweichliche Krisen, unplanbare Ereignisse und Probleme bergen, viele davon werden wir nicht lösen und wir werden sie nicht los. Diese Probleme werden mit dem Auftreten von Krankheit und spätestens mit dem Alter unweigerlich zunehmen, und sie werden mit dem Tod enden. Deshalb vertritt dieses Buch nicht den Anspruch, dass »völliges körperliches, seelisches und soziales Wohlbefinden« (WHO) erreichbar sei, wenn man nur gesund genug lebe. Der hier vertretene Anspruch ist aber vielleicht sogar höher: Seelisches und soziales Wohlbefinden ist auf direktem Weg gar nicht zu erreichen, es ist das Ergebnis lebenslangen Stressmanagements und erfordert die Bereitschaft und Fähigkeit, sich den Widernissen, Unsicherheiten und der Endlichkeit auch des heutigen Lebens zu stellen, achtsam und bescheidener mit unseren Wünschen nach anhaltender Gesundheit, Fitness und Wohlstand umzugehen, schicksals- und chaostauglich zu sein.

I Dies ist kein Anti-Stressbuch und kein Gesundheitsratgeber, sondern?

Überblick

1. Warum Ratschläge selten helfen

Ich gebe Ratschläge immer weiter.
Es ist das einzige, was man damit anfangen kann.

Oscar Wilde

Ich selbst habe mich immer dann für schnelle und effektive Methoden zur Belastungsbewältigung oder Verhaltensänderung interessiert, wenn ich mich wieder besonders gestresst, dick oder ausgelaugt fühlte und diesbezüglich rat-los war. In solchen Phasen nahm ich mir meistens weder die Zeit noch hatte ich die Nerven für Entspannungsübungen, ausgeklügelte Rezeptideen, Sport oder gar ein paar Tage Erholung. Der Griff ins Bücherregal mit viel versprechenden Titeln nach dem Motto *leistungsfähig in drei Tagen* und *in fünf Schritten zum Lebenskünstler* liegt da erst einmal nahe. Allerdings gingen meine Veränderungsbemühungen selten über ein Durchblättern dieser Bücher hinaus, und oft hatte ich danach noch mehr Druck, bekam ich doch in Wort und Bild vorgeführt, wie schlecht es um mich und meine Motivation bestellt war. Um fair zu sein: Es lag ja gar nicht an den Tipps und Ratschlägen, die gegeben wurden, und eigentlich wissen wir alle inzwischen ziemlich gut Bescheid darüber, was wir tun oder lassen könnten, um uns wohler zu fühlen. Vielmehr lag es an meiner eigenen Ungeduld, dieses Wissen auch im Alltag konsequent umzusetzen, bewährte Techniken wenigstens mittelfristig zu praktizieren oder gar in meinen Alltag zu integrieren. Dies ist aber eine wichtige Voraussetzung für die Wirksamkeit bekannter Entspannungsverfahren wie Yoga, Autogenes Training, Progressive Muskelentspannung etc. Viele Teilnehmer in Stressseminaren geben an, diese Methoden probiert zu haben, aber in vielen Fällen ohne anhaltenden Erfolg. Und es stimmt: Probieren hilft tatsächlich nichts. Wir haben es hier zwar mit hoch effektiven Methoden zu tun, diese sind ohne längere Erfahrung jedoch nicht einzusetzen wie eine schnell wirkende Tablette oder eine Injektion. Sie sind hoch wirksam in dem Sinn, dass bei kontinuierlicher Praxis bestimmte körperliche und psychische Probleme gar nicht erst auftreten oder zumindest in deutlich abgeschwächter Form (z.B. Muskelschmerzen, Schlafprobleme, Nervosität, Erschöpfungszustände). Es gilt hier also auch, was für alle Arten von Lernen gilt, sei es eine Fremdsprache, ein Musikinstrument, ein Handwerk: Ohne Ausdauer, Mühe, Rückschläge und längere Praxis kommen wir höchst selten zur Könnerschaft, auch wenn wir die Begabung dazu haben.

Zusammengefasst sind es also nicht die richtigen Tipps oder Methoden, die uns fehlen, sondern die **Zeit, der Entschluss, die Umsetzung**. Hier wird allzu oft ein weiteres Modewort bemüht, die (fehlende) Motivation – und auch dafür gibt es wieder Seminare. Wenn Sie zu diesem Thema kurz innehalten wollen:

Motiviert? Übung

Wenn du ein Schiff bauen willst, so trommle nicht Männer zusammen, um Holz zu beschaffen, Werkzeuge vorzubereiten, Aufgaben zu vergeben und die Arbeit einzuteilen, sondern lehre die Männer die Sehnsucht nach dem endlosen, weiten Meer.

Antoine de Saint-Exupéry

Fallen Ihnen Situationen oder Phasen in Ihrem Leben ein, in denen Sie leidenschaftlich involviert waren, sich eingesetzt oder engagiert haben und in denen anhaltende Anstrengung für Sie selbstverständlich war? Womit hing das zusammen, wie kam es, dass Sie sich motiviert, vital und energisch gefühlt haben?

____

____

____

____

____

____

Ich nehme an, dass Ihnen die Dinge, um die es ging, emotional wichtig und eine persönliche Herausforderung waren, dass Ihnen die beabsichtigten Ergebnisse damals wirklich etwas bedeuteten und dass Sie davon ausgingen, dass sich Ihr Einsatz lohnte. Bei Motivationsfragen geht es letztlich nämlich darum, ob mir etwas wirklich Sinn macht (ein interessanter Aspekt für Führungskräfte, die das Engagement und die Gesundheit ihrer Mitarbeiter im Auge haben wollen …).

Mit Beispielen aus der eigenen Lebensgeschichte vor Augen, in denen Wollen, Kompetenz und Herausforderung in idealem Verhältnis zueinander standen und ich mehr leisten konnte, als ich mir selbst zugetraut hatte, gehe ich heute nachsichtiger bzw. gelassener mit Veränderungswünschen an mich selbst und meine Klienten um:

- Veränderung ist möglich, wenn ich etwas als zentral und wichtig für mich und mein Leben bewerte und wenn ich an meine Kompetenzen glaube. Ist das nicht oder noch nicht der Fall, werde ich mich schwerer damit tun.
- Operative Hektik ist kein Ersatz für eine gelassene Hinwendung zu dem, worum es eigentlich geht.
- Jeder von uns hat zahlreiche eigene Ressourcen und solche von Menschen in seiner Umgebung zur Verfügung, um die Probleme des Alltags lösbar oder erträglicher zu machen. Sie gilt es zu kennen und auszubauen.

Leider machen wir uns im Chaos des Alltags selten bewusst, was wir wirklich wollen (Lösungsanalyse), was uns eigentlich daran hindert (Problemanalyse) und welche Möglichkeiten uns überhaupt zur Verfügung stehen (Ressourcenanalyse). Darum geht es unter anderem in diesem Buch.

Manchmal haben auch Probleme ihren Sinn

Bevor Sie so genannte Defizite und Verhaltensmängel bei sich selbst und anderen verändern oder beseitigen wollen, lohnt sich vielleicht eine bewusste Zuwendung zum Problem: *Worum geht es eigentlich, wenn ich jeden Abend den Kühlschrank im Stehen plündere? Wie kommt es, dass ich keine Lust auf Kino, geschweige denn auf einen erotischen Abend mit meiner Partnerin habe? Was würde ich stattdessen gerne tun?* Vielleicht dienen solche Argumente wie Erschöpfung, Zeitmangel und Prioritätenzwänge ja nur der Selbstberuhigung, und es gibt im Grunde Ihres Herzens noch weitere »gute« Gründe für Ihr Tun bzw. Lassen? Das Interesse für die Hintergründe von so genannten Fehlern und Mängeln soll diese nicht rechtfertigen, es eröffnet jedoch einen neuen Blick auf das paradox erscheinende Phänomen, dass Leiden manchmal leichter ist als Lösen und dass eine achtsame Zuwendung zu den Dingen Bewegung erst möglich macht.

Hierzu ein Beispiel:

Fallbeispiel

In einem fachlich gut geleiteten Entspannungskurs werden die Teilnehmer die Erfahrung tiefer Entspannung machen, und sie fassen beherzte Vorsätze, regelmäßig zu üben. Viele scheitern dann an diesen Vorsätzen: Trotz schlechten Gewissens kommen sie nicht zum Üben oder es fällt ihnen erst kurz vor der nächsten Kursstunde wieder ein. Einige verbuchen diese Erfahrung als weitere Frustration und bleiben fortan dem Kurs fern. Andere können davon überzeugt werden, den Kurs auch ohne den selbst auferlegten Druck, unbedingt üben zu müssen, weiter zu besuchen. Sie sollen dann lediglich aufmerksamer dafür werden, was sie eigentlich von ihrem Ansinnen abhält, täglich zehn Minuten nur mit sich selbst, ohne Ablenkung, ohne Hilfsmittel, ohne schnelle Bereitschaft zur Unterbrechung zu verbringen. Was ist dringender, wichtiger, interessanter als die Übungen? Der eigentliche Effekt eines solchen Kurses ist dann zunächst nicht primär das Beherrschen der Methode, sondern ein bewussterer Umgang mit der eigenen Zeit.

Natürlich ist Verhaltensänderung auch typenabhängig, und bei existenziell bedrohlichen Verhaltensweisen wie exzessivem Trinken oder Rauchen ist radikales Aufhören oft die einzige Chance. Trockene Alkoholiker jedoch wissen am besten, dass für dieses »Nicht« ein Ersatz gefunden werden muss, will man nicht »vertrocknen«. Auch oder gerade eine radikale Verhaltensänderung bringt noch keine Veränderung eines lang praktizierten Lebensstils oder einer anhaltenden Neigung mit sich. Der so genannte Jojoeffekt von Blitz- und Radikaldiäten ist den meisten bekannt. Durch Brachialsportprogramme in den Ferien steigt nicht die körperliche Kondition, sondern es treten häufiger Verletzungen auf. Und – last but not least –

Es gibt keine Fünfminutenterrine gegen Stress.

Die Ungeduld verlangt das Unmögliche,
nämlich die Erreichung des Ziels ohne die Mittel.

Georg F. W. Hegel

Eigentlich finde ich diese Erkenntnis entlastend. Haftet doch den Power-, Erfolgs- und Motivationsseminaren, den Fitness- und Zeitmanagementangeboten meistens die Botschaft an, alles sei leicht, wenn Mann oder Frau es nur richtig mache. Ganz nebenbei wird auch noch propagiert, die Tipps und Regeln gälten zeitlos für alle. Nichts davon ist der Fall. Seien Sie sicher, Sie werden mit dem »Erledigen« nie nachkommen, denn das Leben wartet täglich mit neuen Anforderungen auf, plötzlichen oder anhaltenden, inneren und äußeren, mehr oder weniger kontrollierbaren. Und Problemlösungen für längere Belastungen sind meistens komplexe, fortlaufende Prozesse. Es gibt keine Bewältigungsstrategie, die universell im Umgang mit Belastungen effektiv ist, jeder Mensch und seine Herausforderungen sind anders. Jede Handlung oder Aktivität zieht neue Erfordernisse und eventuell auch wieder neue Anforderungen nach sich, und jede Aktion kann je nach Person, Situation und Zeitpunkt sowohl sinnvoll und hilfreich als auch ungünstig sein. Gerade in verfahrenen Situationen kann es sogar weiterhelfen, entgegen den Erwartungen und Gepflogenheiten unkonventionell und intuitiv zu denken und zu handeln. Gesundheit ist also kein Zustand, sondern ein lebenslang immer neu auszulotender Prozess, der mit den persönlichen Lebensphasen, Wertvorstellungen und Lebenskonzepten variiert. Deshalb kann es in dem hier vertretenen Konzept nicht um von außen vorgegebene Ziele und schon gar nicht um Rezepte gehen.

2. Worum geht es in diesem Buch?

Sag es mir, und ich vergesse es; zeige es mir, und ich erinnere mich; lass es mich tun, und ich behalte es.

Konfuzius

Warum schreibt sie das, wozu dann dieses Buch? werden Sie mit Recht fragen. Ich bin davon überzeugt, dass es bei Themen wie Gelassenheit und Belastungsbewältigung um prinzipielle Fragen einer persönlichen Ziele- und Wertebestimmung und um eine bestimmte Haltung zu meinem Leben geht, wie ich dieses führen möchte – und eine solche Haltung ist über Bücher und Kurse tatsächlich schwer zu vermitteln. Überhaupt gibt es selten einen direkten Weg dahin, sondern dieses Selbstverständnis wächst kontinuierlich aus einer persönlichen Sehnsucht und Suche nach dem, was mir jetzt und letztlich wichtig ist. Dieser anhaltende Versuch, der eigenen Existenz Sinn und Gestalt zu geben, ist ein menschliches Grundbedürfnis. Seine Erfüllung setzt wesentlich Bereitschaft, Zeit und manchmal sogar professionelle Begleitung voraus, um eigene und eigenständige Erfahrungen zu machen. Was Bücher und Kurse hier manchmal vermögen, sind **Anstöße, Ermutigungen**, sozusagen **Rückenwind** für eine solche Suchhaltung zu geben und die Einstellung zu stärken, dass dieser persönliche Weg neben und gegen Trends und Mainstream lohnenswert ist.

Im besten Fall könnte es Ziel dieses Buches sein, über die Beschäftigung mit einigen Themen, die mit Stress zu tun haben, mehr zu sich zu kommen und eigen-willig zu entscheiden, welche Haltung Sie zu bestimmten Problemen einnehmen und wo Sie selbst etwas tun wollen. Vielleicht werden Sie ja einige Tätigkeiten, Verhaltensweisen oder Gewohnheiten wieder aufnehmen oder ausprobieren, die Ihnen den Umgang mit den Widrigkeiten des Lebens leichter machen. Um in den »hauseigenen« Fundus an Kompetenzen und Ressourcen zu greifen und je nach Bedarf und Erfordernissen mit verschiedenen Strategien und Fertigkeiten zu jonglieren, bedarf es jedenfalls der Auseinandersetzung mit dem, was ansteht, der Kooperation mit und nicht selten Unterstützung durch andere und Mut, gerade in schwierigen Situationen nicht nach gängigen Rezepten zu greifen.

Kein Ratgeber also und kein Buch gegen Stress, sondern eine Einladung an Sie, sich ab und zu etwas Zeit zu nehmen, um sich selbst auf die Suche zu begeben nach hilfreichen Ideen und Handlungsimpulsen, damit das Handling Ihrer Probleme leichter wird.

Individuumzentrierte Belastungsbewältigung

Es sind nicht die Umstände, die den Menschen schaffen.
Es ist der Mensch, der die Umstände schafft.

Benjamin Disraeli

Wenn Sie jetzt an Ihre gegenwärtigen Belastungen denken, sind Sie vielleicht enttäuscht und geneigt, das Buch gleich wegzulegen. *Wusste ich's doch – in meiner Situation bringt das alles gar nichts,* könnten Sie sagen, denn:

- *Was nützt mir das alles, wenn es eigentlich ausschließlich mein Mann (Kollege, Chef, die Schwiegermutter etc.) ist, der/die sich ändern müsste?* oder:
- *Was bedeutet das für jemand, der erfährt, dass seine Abteilung geschlossen und dass er unverschuldet seine Arbeit verlieren wird?*

Stimmt, da haben Sie tatsächlich ein Problem, denn **Sie** lesen nun mal dieses Buch und nicht der/die anderen. Die hier gemachten Bewältigungsvorschläge beziehen sich ausschließlich auf Ihren ganz persönlichen Handlungsspielraum und auf die Frage, ob Sie in einer bestimmten Situation handeln können und wollen oder ob Sie mit der Situation zurechtkommen wollen bzw. müssen. Der Leitsatz der Anonymen Alkoholiker ist hier ganz hilfreich: *Gott gebe mir die Gelassenheit, die Dinge hin-*

zunehmen, die ich nicht ändern kann, den Mut, die Dinge zu ändern, die ich ändern kann, und die Weisheit, das eine vom anderen zu unterscheiden.

Im ersten Beispiel könnte »Handeln« zum Beispiel bedeuten: Aussprache, Auseinandersetzung, Verhandlung, Trennung, Kündigung. »Klarkommen« hieße: Möglichkeiten finden, die Situation anders oder gelassener zu sehen und besser auszuhalten. Sie können davon ausgehen, dass jeder Beteiligte an zwischenmenschlichen Aktionen einen Anteil an deren Gelingen oder Scheitern hat – also werden Sie in diesem Buch vor allem Anregungen finden, was Ihr eigener Beitrag zur Veränderung einer Situation sein könnte.

Aber wer unverschuldet seinen Arbeitsplatz verliert, hat daran doch keinen eigenen Anteil? Das stimmt natürlich, und ein individuumzentrierter Ansatz stößt da an seine Grenzen, wo strukturelle, ökonomische und ökologische Faktoren ausschlaggebend und Aktionen von Gruppen bzw. Kollektiven (Kollegen, Betriebsrat, Gewerkschaft, Politiker) erforderlich sind, um etwas zu erreichen. Dennoch wird jemand, der ohne eigene Verantwortung und Entscheidung mit einer schwierigen Situation konfrontiert ist, der sich aber aktiv mit dieser Situation auseinander setzt und eine Vielzahl von Ressourcen aktivieren kann, diese Situation wahrscheinlich besser und gesünder überstehen als jemand, der sich komplett ausgeliefert, überwältigt und hilflos fühlt. Er wird in einem fortlaufenden und wahrscheinlich länger dauernden Prozess unter sich ständig ändernden Bedingungen (Kampflust, Verzweiflung, familiäre Krisen) gleichzeitig oder abwechselnd sowohl verschiedene Strategien anwenden (z. B. rechtliche Abklärung, Demonstration, Abfindungsverhandlungen, Arbeitsplatzsuche) als auch Möglichkeiten suchen, die Belastung emotional besser zu ertragen (Gespräche, Rückzug, neue Perspektiven suchen).

Es folgt nun ein kurzer Überblick, wie dieses Buch aufgebaut ist und genutzt werden kann.

3. Wie dieses Buch aufgebaut und nutzbar ist

Zur Gliederung des Buches

Nach der Diskussion einiger Begriffe, die in diesem Buch immer wieder verwendet werden (Stress, Stressoren, Gesundheit, im zweiten Kapitel), werden im dritten Kapitel einige hilfreiche Prinzipien vorgestellt, die den Umgang mit täglichen Belastungen erleichtern können. Die Kapitel vier bis sieben beziehen sich auf wesentliche Aspekte menschlichen Erlebens und Verhaltens: Körper, Gedanken, Gefühle, Verhalten sowie Leistung und Beziehungen. Wir werden uns mit jeder dieser Ebenen befassen, Ideen zur Veränderung und Strategien zur besseren Belastungsbewältigung sammeln, wohl wissend, dass sie alle eng miteinander verwoben sind und sich ständig gegenseitig beeinflussen. Jeder wird eigene Erfahrungen haben und machen, welche Form der Bewältigung in welcher Situation für ihn stimmig ist. Am Schluss des Buches geht es noch um die Frage, wie Sie mit Abschied, Neuanfang und Übergängen in Ihrem Leben umgehen wollen.

Auch innerhalb der Kapitel …

wurde auf eine gewisse Ordnung Wert gelegt, damit Sie schneller finden, was Sie gerade lesen wollen, und damit Sie nicht der Reihe nach vorzugehen brauchen.

Am Anfang finden Sie jeweils einen **Überblick**, worum es in diesem Kapitel geht.

Im Text werden immer wieder konkrete Vorschläge zum Innehalten und Nachdenken im Sinne kleiner **Übungen** gemacht. An manchen Stellen ist hierfür Platz für eigene Notizen freigehalten. Auf diese Weise bekommt das Buch einen persönlichen Charakter, was es erfahrungsgemäß erleichtert, Informationen abzuspeichern und zu verarbeiten. Sie können natürlich auch mit losen Zetteln oder einem eigenen Heft arbeiten. Wahrscheinlich werden bei manchen Übungen neue Fragen oder Probleme bei der Durchführung entstehen. Hier ist es natürlich günstig, wenn Sie diese mit anderen Personen oder gar im Rahmen eines Kurses oder einer Beratungssituation besprechen können. Außerdem gibt es immer wieder **Anmerkungen** zu Erfahrungen mit der Übung aus meinen Seminaren.

Wie oben schon angedeutet, werden Sie in diesem Buch keine ausführlichen Anleitungen für Entspannungs- und Bewegungsübungen und keine Ernährungshinweise finden. Einerseits gibt es eine Fülle von Literatur dazu, außerdem bin ich der Meinung, dass ernst zu nehmende Verfahren wie zum Beispiel Progressive Muskelrelaxation oder Autogenes Training nur nach kompetenter Anleitung dauerhaft hilfreich anzuwenden sind. Vielleicht können Ihnen jedoch die Informationen zumindest die Entscheidung erleichtern, wenn Sie ein Entspannungsverfahren erlernen möchten.

An manchen Stellen sind **Anekdoten, Geschichten** oder **Textausschnitte** eingefügt, die direkt oder indirekt zum Thema passen könnten, die für das Buch verwendete und zum Weiterlesen empfohlene Literatur finden Sie im Anhang. Um die Lesbarkeit des Textes nicht zu komplizieren, wurde meistens die männliche Form verwendet. Bei einigen Übungen habe ich mir erlaubt, persönlicher zu werden, indem ich vorübergehend vom »Sie« zum persönlicheren »du« gewechselt habe.

Was hat es mit den Bausteinen auf sich?

Im Titel dieses Buchs ist von *Bausteinen für ein achtsames Leben* die Rede. Nun kann man mit Bausteinen Verschiedenes assoziieren: Zunächst einmal sind Bausteine noch kein Gebäude. Sie sind etwas Fragmentarisches, Teile eines möglichen Ganzen und können entsprechend erweitert, reduziert, ergänzt werden. Dies ist auch das Prinzip von Baukastensystemen für Kinder, ob es sich um Legobausteine, Holzspielzeug oder modernere Spielsysteme handelt. Auch Bausteine im Rahmen von Aus- und Fortbildung betonen einen modulartigen Aufbau, bei dem sich im optimalen Fall je nach Bedarf und Interesse individuelle Fortbildungssysteme zusammenstellen lassen. In jedem Fall klingt *Baustein* klar umgrenzt und etwas sperrig. Wenn dann im Inhaltsverzeichnis eine Trennung von Körper, Gedanken, Gefühlen und Verhalten im Sinne solcher Bausteine getroffen wird, dann wird dies dem komplexen Zusammenspiel dieser menschlichen Erlebensbereiche natürlich nicht eigentlich gerecht. Alle Aspekte bilden und differenzieren sich vom ersten Lebenstag an immer weiter aus und beeinflussen sich in ständigem Wechselspiel gegenseitig. Stressphänomene werden ebenfalls auf allen Ebenen manifest und stehen immer in Zusammenhang mit körperlichen und innerpsychischen Vorgängen und mit sozialen Verhaltensweisen. Veränderungen auf einer Ebene werden immer auch Auswirkungen auf den anderen Ebenen haben. Wenn hier also nach einem Baukastenprinzip vorgegangen wird, dann geschieht dies ausschließlich der Übersichtlichkeit halber und in der Hoffnung, das Buch dadurch benutzerfreundlich zu machen. Viele Übungen sind aus dem ISP (Drexler 2006), und das vorliegende Buch ist gut als Ergänzungsliteratur geeignet, wenn Sie sich in einem Kurs, einem Coaching oder einer Therapie systematisch mit dem Thema »Stress« befassen. Sie können aber auch einfach ab und zu reinschauen und das lesen, was Ihnen gerade ins Auge fällt oder was Sie interessiert.

Work in Progress

Mit dem Bausteinmodell soll auch das Unfertige und Fragmentarische dieser Unternehmung betont werden. Die hier gemachten Vorschläge können natürlich nicht auf Ihre individuellen Probleme zugeschnitten sein, und nicht jede Methode ist für jedes Problem geeignet! Die Viabilität (Passung) wird von Ihnen selbst bestimmt und hergestellt. Manche Bausteine wollen Sie vielleicht weglassen, kürzen oder kombinieren, andere passen nicht für Ihre Anliegen, und weitere wichtige, tragende Bausteine stehen vielleicht in diesem Konzept noch aus. Natürlich sind fast beliebig viele Zusatzbausteine denkbar, die zu einer besseren Stresskompetenz beitragen könnten, zum Beispiel Problemlösestrategien, Soziale Kompetenz, Konfliktmanagement usw. Auf ihre Darstellung wird hier – ebenfalls zugunsten der Übersichtlichkeit – verzichtet. Sie stellen zum Teil eigenständige Verfahren dar, um die sich das vorliegende Konzept natürlich ergänzen lässt.

Ich kann Sie nur einladen, einige der hier vorgeschlagenen Strategien zu erproben und sich vielleicht sogar mit anderen darüber auszutauschen, welche Methode für welche Person und in welcher Situation hilfreich sein könnte.

Was ist mit Achtsamkeit gemeint?

O wünsche nichts vorbei und wünsche nichts zurück!
Nur ruhiges Gefühl der Gegenwart ist Glück.

Friedrich Rückert

Eine Besonderheit dieses Programms ist es, das Prinzip der Achtsamkeit (mindfulness) als festen Bestandteil in jeden Baustein zu integrieren. Der Begriff stammt ursprünglich aus östlichen Meditationspraktiken und ist ein wesentlicher Bestandteil körperorientierter Therapieformen, zum Beispiel von Gestalttherapie, Focusing oder Hakomi. In jüngster Zeit wird das Achtsamkeitstraining nicht nur von psychosomatischen Kliniken, sondern auch von Gesundheitscoachs als fester Bestandteil in ihr Angebot integriert. In unserem Zusammenhang meint Achtsamkeit, auf besondere Weise aufmerksam zu sein und sich ganz auf das zu konzentrieren, was jetzt im Augenblick gerade da ist, seien dies Gedanken, Gefühle, Körperempfindungen oder Geräusche, ohne Urteil und ohne Tun. Das widerspricht zunächst unserem Alltagsbewusstsein, das zielgerichtet und auf Aktivität fokussiert ist. Achtsamkeit ist »gewollt passiv« darauf ausgerichtet, fortlaufend und ohne einzuschreiten die gegenwärtige Erfahrung zu beobachten. Schon das Bewusstmachen dessen, was innerlich und äußerlich da ist, schafft einen gewissen Abstand und hilft dabei, die Dinge klarer zu sehen. Das macht Sie vielleicht ungeduldig, steht dieses Konzept doch in Widerspruch zu Ihrem Handlungsdruck: *Wozu soll ich meinen Stress noch besser wahrnehmen, ich merke doch schon überdeutlich, dass ich im Stress bin!* Wesentliche Voraussetzung für Veränderung ist jedoch die Wahrnehmung dessen, was überhaupt ist, und tatsächlich nimmt das Erleben manchmal schon eine positive Richtung, wenn nicht sofort Druck zu Veränderung besteht. Zumindest werden der Teufelskreis von negativen Gedanken und Gefühlen unterbrochen und ein vorübergehendes Loslassen erleichtert.

Achtsamkeit

Folgendes Bild kann vielleicht Achtsamkeit veranschaulichen: Vergleichen wir den Geist mit der Oberfläche eines Sees oder Meeres. Auf ihr gibt es immer Wellen, manchmal große, manchmal kleine. Viele Leute denken, dass das Ziel der Meditation darin bestünde, die Wellen zu verhindern, sodass die Oberfläche flach, friedlich und ruhig wird. Doch dies ist eine irreführende Vorstellung. Viel besser wird der wahre Geist der Achtsamkeitspraxis von folgendem Bild illustriert, das mir einst jemand beschrieb: Es zeigt einen etwa siebzigjährigen Yogi, Swami Satchidananda, wie er, mit weißem Rauschebart und wehenden Roben, auf einem Surfbrett stehend in Hawaii auf einer Welle reitet. Die Überschrift lautete: »Du kannst die Wellen nicht stoppen, aber du kannst lernen, sie zu reiten.«

Jon Kabat-Zinn: Stressbewältigung durch die Praxis der Achtsamkeit. Freiamt: Arbor. S. 13–14.

II Zum Anwärmen

Zur Annäherung an das Thema wird in diesem Kapitel eine Bestandsaufnahme vorgeschlagen, wo Sie hinsichtlich Ihres Stresserlebens gerade stehen und was überhaupt Ihre Veränderungswünsche sind. Dabei können einige Begriffe geklärt werden, die auch im Alltag relativ häufig vorkommen (allen voran natürlich *Stress*), aber selbst in der Fachliteratur immer noch unterschiedlich verwendet werden. Zum Schluss werden einige Voraussetzungen für eine erfolgreiche Belastungsbewältigung zusammengefasst.

Überblick

1. **Mein Stress und wie ich darauf reagiere**
   Übung: Hinwendung zum Thema: Bestandsaufnahme
   Stressoren, Stressreaktionen und Flow
2. **Wann bin ich eigentlich gesund?**
   Übung: Hinwendung zum Thema: Was fällt Ihnen zu *Gesundheit* ein?
   Gesundheit, Salutogenese, Resilienz
3. **Persönliche Zielbestimmung**
   Die Formulierung von Zielen
   Übung: Nun sind Sie dran: Was sind Ihre persönlichen Ziele hinsichtlich einer besseren Stressbewältigung?
4. **Möglichkeiten einer individuellen Belastungsbewältigung**

1. Mein Stress und wie ich darauf reagiere

Veränderungen im Umgang mit Belastungen oder gar in der Lebensführung setzen eine achtsame Bestandsaufnahme dessen voraus, was gerade da ist, wo Sie stehen und was Ihre Motive und Wünsche sind. Dazu im Folgenden einige Fragen:

Übung **Hinwendung zum Thema: Bestandsaufnahme**

1. Was waren Ihre Hauptbelastungen **im letzten halben Jahr?**

   ____

   ____

   ____

   ____

   ____

   Wo lag der **Hauptanteil Ihrer Belastungen (in Prozent):** Im Privatbereich, im beruflichen Kontext oder waren Sie in beiden Bereichen gleichermaßen belastet?

   ____

   ____

   ____

2. Bei der ersten Frage sind Ihnen wahrscheinlich einige Problembereiche eingefallen. Lassen Sie nun eine oder mehrere typische Stresssituationen Revue passieren, in denen sich diese Probleme äußern. Woran merken Sie überhaupt, dass Sie gestresst sind? Was sind Ihre Stressreaktionen?

   ____

   ____

   ____

   ____

   ____

   ____

   ____

3. Was tun Sie zurzeit zur Bewältigung Ihrer Belastungen? Praktizieren Sie spezielle **Techniken oder Tätigkeiten zur Stressbewältigung**? Was sind Ihre allgemeinen Strategien zur Entlastung?

____

____

____

____

Haben Sie **früher** Techniken oder Tätigkeiten ausgeübt, die hilfreich waren? Was war das?

____

____

____

____

4. Womit sind Sie im letzten halben Jahr besonders zufrieden? Worauf können Sie stolz sein, **was läuft gut?**

____

____

____

____

Anmerkungen zur Übung:

Zu (1): Wenn jemand sagt, *ich bin im Stress*, scheinen zwar alle zu wissen, was gemeint ist, aber letztlich versteht jeder darunter etwas sehr Persönliches. So kann es für den einen stressig sein, unter ständigem Termindruck zu stehen, der andere leidet unter Langeweile. Einer könnte Lärm, die andere Stille als belastend erleben. Für das persönliche Stresserleben gibt es keine objektiven Kriterien, es zählt allein die subjektive Bewertung einer Situation. Als Definition für Stress schlage ich hier vor, dass es sich um ein subjektiv erlebtes Übermaß an Belastung handelt – was immer vom Einzelnen als belastend erlebt wird (Stress ist für jeden etwas anderes). Damit erübrigt es sich, das eigene oder das

Stresserleben eines anderen herunterspielen zu wollen nach dem Motto: *Das ist doch gar kein Stress!* Ähnlich persönlichkeitsabhängig ist auch die Bewältigung. Der eine mag seinen Stress am Arbeitsplatz dadurch leichter ertragen, dass er jede Nacht in die Disco geht, für den anderen wäre dies schon wieder neuer Stress.

Zu (2): Vielleicht haben Sie sich so gut in eine Stresssituation hineinversetzt, dass Sie sich nicht nur an Ihre Reaktionen erinnerten, sondern dass diese allein bei der Vorstellung dieser Situation wieder aufgetaucht sind. Für die Auslösung von Stressreaktionen ist es nämlich keineswegs erforderlich, dass wir uns in der realen Belastungssituation befinden. Schon die lebhafte Vorstellung einer solchen Situation kann dafür völlig ausreichen. Unser Stresserleben hängt also ganz wesentlich von den Einschätzungen und Bewertungen ab, die wir über bestimmte Ereignisse haben (Stress findet im Kopf statt).

Auf innere und äußere Ereignisse reagieren wir mehr oder weniger stark mit allen Aspekten unseres Organismus: mit Körperreaktionen, Gedanken, Gefühlen und Verhaltensweisen (wir reagieren mit unserer ganzen Person). Die individuellen Stressreaktionen auf die gleiche Belastung unterscheiden sich je nachdem, wie das Erlebte bewertet wird und wie der Betroffene seine Bewältigungsmöglichkeiten einschätzt. Selbst eindeutig schwerwiegende Lebensereignisse wie zum Beispiel der Tod eines Angehörigen oder Arbeitsplatzverlust werden je nach Bedeutungsgebung und Bewältigungskompetenzen unterschiedlich verarbeitet – von Erleichterung bis hin zu gesundheitlichen Störungen. Dieser individuelle Umgang mit Belastungen hängt von biologischen Faktoren, von der Lebensgeschichte, von Motiven und Einstellungen ab. Deshalb gibt es keine einfachen Rezepte zur Stressbewältigung.

Zu (3): Beim Ausfüllen der Fragen fiel Ihnen vielleicht auf, dass Sie – wie die meisten von uns – unter Stress befriedigende und entlastende Tätigkeiten einschränken oder ganz unterbrechen, obwohl diese für die Bewältigung der Belastung eigentlich vorteilhaft sind. Manchmal werden solche Aktivitäten auch nicht wieder aufgenommen, wenn die Belastung vorbei ist. Es fehlt also genau der Ausgleich, der notwendig ist, um alltägliche Anforderungen langfristig bewältigen zu können. So kann ein Teufelskreis von Überforderung und fehlendem Ausgleich entstehen, der übrigens als Bedingungsfaktor für Depressionen gilt. Die Unterbrechung befriedigender Aktivitäten ist also sowohl Konsequenz als auch Bedingung für Belastungserleben.

Zu (4): In schweren Zeiten neigen wir dazu, uns ausschließlich mit allen Aspekten des Problems zu beschäftigen. Daraus erwachsen jedoch selten nützliche Ideen, was zu tun ist. Gerade hier ist es hilfreich, sich der Möglichkeiten und Ressourcen zu besinnen, die eben auch da und hilfreich für Veränderungen sind.

Stressoren, Stressreaktionen und Flow

Der englische Begriff **Stress** (Verbiegung, Spannung) bezeichnete ursprünglich eine mechanische Kraft von außen, die Materialveränderungen bewirkt. In den 50er-Jahren hat der Mediziner Hans Selye (1907–1982) diesen Begriff auf den Menschen übertragen und meinte damit Reizimpulse von innen oder außen, auf die der Körper mit einer Anpassungsleistung reagieren muss. Diese Aktivierung ist per se nicht belastend – sie hält den Organismus sogar in Schwung und ist die Voraussetzung für Entwicklung und Leistungsfähigkeit. Für eine als positiv erlebte Anspannung hat sich in der Fachsprache der Begriff **Eustress** eingebürgert. Wenn die Fähigkeiten eines Individuums sogar optimal zu den Herausforderungen einer Tätigkeit passen, wenn die aufgewendete Zeit wie im Flug vergeht und das Gefühl entsteht, fast eins mit der Handlung zu werden, dann wird diese sogar immer wieder gesucht, um die Hochstimmung und das Glücksgefühl wieder zu erleben. Dieser Zustand des so genannten **Flow** (Csikszentmihalyi 1992) ist am ehesten erreichbar, wenn unsere Herausforderungen selbst gewählt sind und wenn wir uns persönliche und realistische, das heißt bewältigbare Ziele gesetzt haben.

Im allgemeinen Sprachgebrauch hat sich für Stress die negativ getönte Bedeutung des Wortes als ein subjektiv empfundenes Übermaß an Belastung durchgesetzt. Zum gesundheitsgefährdenden **Distress** wird eine Aktivierungsreaktion dann, wenn sie länger bestehen bleibt oder immer wieder auftritt. Dieses Überlastungserleben setzt meistens dann ein, wenn die erlebten Anforderungen nach Einschätzung des Betroffenen die verfügbaren Möglichkeiten der Bewältigung übersteigen.

Es gibt ganz unterschiedliche innere und äußere Belastungsfaktoren (so genannte **Stressoren**): physikalische und chemische Stressoren wie Hitze, Kälte, Lärm, Vergiftung, körperliche Stressoren wie Hunger, Schmerz, Krankheit, soziale Stressoren wie Konkurrenz, Auseinandersetzungen, aber auch besondere Lebensereignisse wie Scheidung, Krankheit, Ortswechsel etc. Auch wenn die Unterscheidung im Alltag nicht immer einfach ist, sollte dennoch zwischen akuten (klarer Anfang, klares Ende) und chronischen Stressoren unterschieden werden. Menschen in schwierigen gesellschaftlichen, ökonomischen und ökologischen Verhältnissen sind fast immer chronischen Belastungen und Stressrisiken ausgesetzt. Aber auch individuelle Alltagsbelastungen, die dayly hazzles, chronifizieren und sind auf Dauer schädlicher als einzelne, schwerwiegende Ereignisse.

Beim Stresserleben gibt es also immer situative (externe) und persönliche (interne) Anteile. Aus den realen oder vermuteten Beanspruchungen können langfristig negative Beanspruchungsfolgen körperlicher, psychischer und verhaltensmäßiger Art bis hin zu Befindlichkeitsstörungen und Krankheitssymptomen resultieren, auf die wir später noch eingehen werden (siehe Kap. IV).

2. Wann bin ich eigentlich gesund?

Die Erforschung der Krankheiten hat so große Fortschritte gemacht, dass es immer schwerer wird, einen Menschen zu finden, der völlig gesund ist.

Aldous Huxley

Bevor Sie sich ausführlicher Ihren Belastungen und verschiedenen Bewältigungsmöglichkeiten zuwenden, lohnt es sich, über einen weiteren Begriff nachzudenken, der ebenfalls in aller Munde ist: Gesundheit, was ist das eigentlich? Wenn Sie möchten, nehmen Sie sich einige Minuten Zeit, um die folgenden Fragen zu bedenken.

Hinwendung zum Thema: Was fällt Ihnen zu Gesundheit ein? **Übung**

Es gibt nicht nur Tausende von Krankheiten, sondern auch Tausende von Gesundheiten.

Carl Friedrich von Weizsäcker

Wie würden Sie den Satz weiterführen: Gesund ist jemand, der

____

____

Welche weiteren Begriffe sind für Sie mit Gesundheit verbunden?

____

____

Wann und wie fühlen Sie sich gesund? Wann gelten Sie in Ihrer täglichen Umgebung als gesund? Gibt es hier Diskrepanzen?

____

____

____

Anmerkungen:
Bei Diskussionen in Stressbewältigungsgruppen über das Thema *Gesundheit* tauchen häufig folgende Aspekte auf:

Gesundheit als Abwesenheit von Krankheit und als Schweigen der Organe. Diese Auffassung entspricht wahrscheinlich am ehesten der Definition der naturwissenschaftlichen Medizin. Da Symptome oder Beschwerden meistens spürbarer sind als Gesundheit, wird diese definiert durch ein »nicht«, durch das Fehlen besorgniserregender Signale.

Gesundheit als subjektives Wohlbefinden: Subjektives Wohlbefinden wird häufig verbunden mit *vital, lebenslustig, genussfähig, innere Zufriedenheit, körperliche und geistige Energie, Körpervertrauen* etc.

Gesundheit als geistige und/oder körperliche Leistungsfähigkeit, Fitness: Damit verbundene Begriffe sind *arbeitsfähig, fit, körperlich und geistig auf der Höhe, ausdauernd, widerstandsfähig.* Hier ist Wohlergehen stark an Funktionieren gekoppelt, und in diese Beschreibungen gehen natürlich auch gesellschaftliche Erwartungen an ein funktionierendes Individuum ein.

Die verschiedenen Sichtweisen sind wahrscheinlich auch durch Alter und Geschlecht mitgeprägt. Sie müssen nicht in Widerspruch zueinander stehen, zum Beispiel ist Wohlergehen für viele durchaus an »Funktionieren« gekoppelt. Manchmal kollidieren sie aber auch, und dann stellt sich die Frage, ob körperliche oder seelische Gesundheit zu Gunsten von Karriere und Erfolg hintangestellt oder sogar geopfert wird.

Gesundheit, Salutogenese, Resilienz

In der ersten Hälfte unseres Lebens ruinieren wir unsere Gesundheit, um Geld zu verdienen – in der zweiten Hälfte geben wir Geld aus, um unsere Gesundheit zu erhalten.

Voltaire

Auf dem boomenden Gesundheitsmarkt und im Bereich der Ratgeberkultur wird immer wieder so getan, als seien sich alle darüber einig, was Gesundheit sei und was also dafür zu tun ist. Gemeinhin wird davon ausgegangen, dass Sich-wohl-Befinden mit der so genannten objektiven Gesundheitsbeschreibung der Fachleute identisch sei. Dies ist aber in der Regel nicht der Fall: Es gibt Menschen mit außerordentlich ungesunden Verhaltensweisen und sogar körperlichen Einschränkungen, die sich sehr wohl fühlen und sich selbst sogar als gesund bezeichnen würden. Von schwer Erkrankten hört man manchmal, dass sie durch ihr Leiden wachgerüttelt worden seien, sich endlich um »das eigentlich Wichtige« kümmern und dass sie sich als gesünder empfanden als vor ihrer Krankheit. Andererseits fühlen sich viele Menschen, die sich sehr mit ihrer Gesundheit beschäftigen, viel dafür tun und gesundheitsbewusst leben, immer kränker. Auch wenn der Kampf gegen Krankheit und Beschwerden vielleicht erfolgreich sein mag, ist das offensichtlich noch lange nicht mit Gesundheit gleichzusetzen. Hier hilft es vielleicht weiter, zwischen körperlicher, geistiger, sozialer und spiritueller Gesundheit zu unterscheiden und sich klar zu machen, dass Gesundheit immer abhängig ist von den Überzeugungen, Werten und Absichten dessen, der sie definiert.

Nun gibt es auch Forschungsansätze, die sich statt auf die Entstehung, Diagnose und Behandlung von Krankheiten darauf konzentrieren, wie es Menschen überhaupt gelingt, gesund zu bleiben, und was Menschen stark macht, die es trotz hoher Risikobelastungen und schwieriger bis katastrophaler Bedingungen schaffen, psychisch widerstandsfähig zu bleiben oder sich relativ schnell wieder zu erholen. Der Medizinsoziologe A. Antonovsky (1997) beschreibt in seinem **Salutogenesekonzept** (Salutogenese: Gesunderhaltung im Gegensatz zu Pathogenese: Krankheitsentstehung) gesunde Menschen als gute Schwimmer im Strom des Lebens, der mit zahlreichen Strömungen, Strudeln und Verschmutzungen aufwartet.

Auch die **Resilienzforschung** (Resilienz: Fehlertoleranz, Widerstandsfähigkeit) widmet sich der Frage, wie es Menschen, und vor allem schon Kinder, unter schwierigen Lebensbedingungen schaffen, Krisen ohne anhaltende Beeinträchtigung durchzustehen. Solche Menschen sind durch folgende Merkmale gekennzeichnet (Nuber 1999):

- Sie akzeptieren Krisen und die damit verbundenen Gefühle und geben sich die notwendige Zeit für deren Bewältigung;
- sie erkennen an, was sie nicht beeinflussen können, und verhalten sich dennoch nicht anhaltend als Opfer, sondern suchen nach Lösungen, um die Folgen des Geschehenen zu lindern;
- sie lösen ihre Probleme gemeinschaftlich mit anderen, die ihnen einfühlend und unterstützend zur Seite stehen;
- sie bewahren eine optimistische Grundhaltung im Sinne einer bewältigbaren *Zukunft*;
- sie schätzen den eigenen Anteil an einer Krise realistisch ein und übernehmen dafür Verantwortung, bleiben aber nicht in Selbstvorwürfen stecken;
- sie rechnen mit der Instabilität ihrer näheren und weiteren Umwelt und den Möglichkeiten, beruflich und privat zu scheitern und beschäftigen sich gedanklich mit möglichen Zäsuren und Lebenseinschnitten, soweit diese vorhersehbar sind, zum Beispiel mit den Veränderungen einer Partnerschaft durch ein Kind, mit beruflichen Veränderungen und Krisen, Älterwerden usw.

Nach der hier vertretenen Auffassung steht Gesundheit nicht im Gegensatz zu Krankheit, sondern wir bewegen uns ein Leben lang auf einem Kontinuum zwischen krank und gesund – mal mehr in die eine, mal mehr in die andere Richtung. Es ist gesund, Stressoren nicht prinzipiell vermeiden oder ausschalten zu wollen, sondern möglichst viele Ressourcen zu haben, sich diesen Stressoren angemessen zu stellen. Ob, wie und mit welchen Mitteln und Strategien Sie Ihr Leben meistern, ist eine Art persönliche Stilfrage, in die ganz private Vorstellungen von körperlicher und geistiger Leistungsfähigkeit, von Genuss und sozialem Eingebundensein gleichermaßen eingehen. Da helfen standardisierte Rezepte wenig. Deshalb geht es im nächsten Kapitel um Ihre persönlichen Ziele.

3. Persönliche Zielbestimmung

Wir wissen zwar nicht, wo wir hinwollen,
aber dafür sind wir schneller dort.

Georg Kreisler

Interesse und selbstbestimmte Ziele sind wesentliche Faktoren für Lernen und Veränderung. Wenn Sie Ihre eigenen Beweggründe und Werte in Ihrem Alltag ernst nehmen, werden Sie weniger auf Wertvorstellungen, Motive und Zielsetzungen von außen angewiesen sein, sondern diese kritisch mit der eigenen Bedürfnisstruktur abstimmen. Dies setzt jedoch die Bewusstmachung und Wahrnehmung der eigenen körperlichen, geistigen und seelischen Bedürfnisse voraus – und diese geht im alltäglichen Aktivismus oft einfach unter.

Bevor Sie Ihre persönlichen Veränderungswünsche formulieren, hier einige Tipps für

Die Formulierung von Zielen

Morgen nennt man den Tag,
an dem die meisten Fastenkuren beginnen.

Gustav Knuth

Es ist kinderleicht, das Rauchen aufzugeben.
Ich habe es schon tausendmal gemacht.

Mark Twain

Selbstbestimmt und im eigenen Einflussbereich: Freiwillige, selbst gesteckte Ziele sind ein erheblich stressmildernder Faktor (s. Stollreiter et al. 2000). Die Aufforderung, dass persönliche Ziele ausschließlich im eigenen Einflussbereich liegen sollten, ist die konsequente Umsetzung eines Selbstmanagementansatzes und bedeutet letztlich, dass wir uns nur selbst ändern können. Diese Haltung ist nicht selbstverständlich, weder für Eltern, Partner noch für Therapeuten, Berater oder Führungskräfte – fällt uns doch allen in der Regel schneller ein, was andere zur Lösung eines Problems beitragen könnten als wir selbst.

Die Fragen in diesem Buch lauten also immer wieder: *Was kann ich selbst für die Erreichung meiner Ziele tun? Wann kann ich es wagen, meiner Arbeit eine individuelle Note zu geben? Wie weit kann ich meine Aufgaben so erledigen, dass es mir entspricht? Auf welche Art und Weise finde ich mich in dem, was ich tue, wieder?*

Realistisch: Jeder kennt die guten Vorsätze zu festlichen Anlässen (Silvestersyndrom): 10 kg abnehmen, aufhören zu rauchen, regelmäßig Sport machen usw. Solche Zielsetzungen verhelfen uns kurzfristig zu einem symbolischen Erfolg, schon der Vorsatz ist ja fürs Erste beruhigend. Leider kommen wir meistens nicht über einen beherzten Anfang hinaus. Auf den Selbstwert wirkt sich das eher negativ aus und auf die Motivation langfristig demoralisierend *(ich habe es schon so oft versucht…)*. Motive setzen sich umso wahrscheinlicher in Handlungen um, je wahrscheinlicher ihre Realisierbarkeit ist. Nehmen Sie sich also nur vor, was Sie sich wirklich zutrauen und wozu Sie sich in diesem Moment bereit fühlen.

So konkret und spezifisch wie möglich: Die konkrete Beschäftigung mit der Lösung fällt in unserem Kulturkreis viel schwerer als die Beschreibung von Problemen. Je konkreter ich den Zielzustand jedoch beschreiben kann, desto klarer wird, ob meine Ziele realistisch sind oder noch abgestimmt bzw. relativiert werden müssen. Zielbeschreibungen eröffnen oft schon die ersten Handlungsschritte.

In Teilen: Zum Beispiel der Wunsch, am liebsten in Amerika arbeiten zu wollen, setzt die Definition und Erfüllung wesentlicher Zwischenschritte voraus, damit der Wunsch nicht ein Traum bleibt.

Hier und jetzt, auf Zeit: Wenn Sie ein volles Ziel umsetzen möchten, tun Sie das zeitlich eindeutig festgelegt und begrenzt (statt: *Ich esse nie mehr Fleisch, Ich esse eine Woche lang kein Fleisch*).

Selbstverantwortung bei der Erfolgsdefinition: Dieser Aspekt betrifft die Frage, wer letztlich Erfolg oder Versagen attestiert und wie sehr Sie sich Bewertungen von Dritten zu Herzen nehmen wollen und müssen. Vorgaben von außen sind meistens ergebnisorientiert, ohne Berücksichtigung der Voraussetzungen und Möglichkeiten. Bei persönlicher Zielsetzung bestimmen Sie, welchen Einsatz zur Zielerreichung Sie leisten möchten und können. Wenn Sie getan haben, was in Ihren Möglichkeiten stand, schreiben Sie einen Misserfolg nicht ausschließlich sich selbst, sondern auch den ungünstigen äußeren Bedingungen zu nach dem Motto: *Ich habe es so gut gemacht, wie ich konnte. Mehr war nicht drin.*

Akzeptanz der Grenzen: Manche Gegebenheiten stehen nicht in unserer Macht, auch nicht mit der Unterstützung von anderen, zum Beispiel die Schließung einer Abteilung durch betriebliche Umstrukturierung oder die Verlagerung von Produktionsstätten ins Ausland. Mit unserer Empörung darüber arbeiten wir uns manchmal an Dingen ab, die wir nicht ändern können. Klären Sie noch einmal mit sich ab, ob der eigene Einflussbereich ausgeschöpft ist, statt sich über die großen Dinge aufzuregen. Die Einsicht, dass man vieles nicht unmittelbar beeinflussen kann, hat nichts mit Gleichgültigkeit zu tun, aber sie spart Energie und Zeit.

***Sowohl als auch* statt *entweder – oder* bei sich widersprechenden Motivlagen:** Bei manchen Zielsetzungen, wie zum Beispiel dem Bestehen einer Prüfung, Gewichtsabnahme, Fertigstellung einer notwendigen Arbeit stehen der konkreten Umsetzung nicht selten andere persönliche Bedürfnisse wie Erholung, Genuss, soziale Aktivitäten entgegen. Statt diesen Widerspruch zugunsten eines, meist des disziplinarischen, Zieles lösen zu wollen, wäre hier eine innere Verhandlung zwischen beiden Interessenslagen erstrebenswert mit dem Ergebnis, dass beide zu ihrem Recht kommen, also zum Beispiel Lernen und Pausen machen, Abnehmen und Genuss, Arbeit und Vergnügen.

Übung

Nun sind Sie dran: Was sind Ihre persönlichen Ziele hinsichtlich einer besseren Stressbewältigung?

____

____

____

____

____

____

____

4. Möglichkeiten einer individuellen Belastungsbewältigung

Wenn du als einziges Werkzeug einen Hammer hast, sieht jedes Problem wie ein Nagel aus.

A. Maslow

So komplex und vielfältig das individuelle Stresserleben ist, so vielfältig sind die Veränderungsmöglichkeiten. Nicht alles ist machbar, aber es gibt einige Erfahrungen darüber, welche Strategien und welches Verhalten in bestimmten Situationen erfolgversprechender ist als andere. Im Folgenden werden – ohne Anspruch auf Vollständigkeit – einige solcher Bausteine für eine erfolgreiche Belastungsbewältigung zusammengetragen, die Sie in jedem Kapitel dieses Buches wiederfinden werden.

Prinzipiell geht es natürlich darum, ein grundlegendes Repertoire an Ressourcen zur Verfügung zu haben, um erfolgreich im Strom des Lebens schwimmen zu können. Dabei ist es nützlich, zwischen **problembezogenen** (instrumentellen) und **emotionsbezogenen** (palliativen) **Bewältigungsstrategien** zu unterscheiden. Erstere beziehen sich auf beeinflussbare Situationen und zielen auf die Veränderung oder Lösung des Problems (zum Beispiel durch Auseinandersetzung, Veränderung des Arbeitsprozesses, Erwerb von Kompetenzen) ab. Übrigens sind viel mehr Situationen veränderbar, als wir gern glauben. Emotionsbezogene Strategien eignen sich besser dann, wenn eine aktive Einflussnahme zum gegebenen Zeitpunkt nicht möglich ist. Sie zielen auf eine Verbesserung des Befindens, ohne dass der Stressor selbst beeinflusst wird, zum Beispiel durch Entspannung, Veränderung der Einstellung, Ablenkung. Beide Ansatzpunkte für Stressbewältigung werden in diesem Buch berücksichtigt.

Ob eine Strategie letztlich erfolgversprechend ist, ob es zum Beispiel besser ist, aktiv auf eine Belastung zuzugehen oder sie zuerst einmal zu meiden, hängt von vielen Faktoren ab: von der Art des Problems, der Situation, den beteiligten Menschen, dem Zeitpunkt, dem Ort, aber natürlich auch von gesellschaftlichen und kulturellen Faktoren. Und wie es im Leben so ist, kann ein und dasselbe Verhaltensmuster sowohl angemessen und passend als auch ungünstig oder gar schädlich sein. Bei der nächtlichen Begegnung mit einer rauflustigen Jugendbande kann es lebensrettend sein, sich komplett hilflos oder sogar verwirrt zu zeigen – bei einem Einstellungsgespräch wäre das wenig förderlich. Wenn man mit langfristigen und einschneidenden Lebensveränderungen konfrontiert ist wie Umstrukturierungen in der Firma, Entlassung, Pensionierung, Zusammenziehen, Heirat, Schwangerschaft, Auszug der Kinder etc., kann es für die psychische Stabilität zunächst durchaus sinnvoll sein, sich diesem Sachverhalt nicht sofort, direkt und aktiv zu stellen. Je näher aber das Ereignis rückt, desto eher verhindert Verleugnung dann die Bewältigung der Belastung und desto mehr steigt der Druck. Die Schlüsselfrage ist also nicht, welche Strategien Sie anwenden, sondern vielmehr die, wie viele Strategien Sie zur Verfügung haben und wie flexibel und angemessen Sie diese in den fraglichen Situationen anwenden können.

Die folgenden Bausteine einer erfolgreichen Belastungsbewältigung werden Sie in jedem Kapitel wiederfinden (s. Abb. S. 41).

Der erste Schritt ist immer die Zuwendung zur Situation und die Wahrnehmung dessen, worum es eigentlich geht **(erkennen**

statt verdrängen). Dieses Wahrnehmen, Beobachten, Reflektieren im Sinne von: *Was ist da? Wo stehe ich? Was ist gut? Was entspricht nicht meinen Vorstellungen?* schafft erst einmal eine sinnvolle Distanz und hilft Ihnen, Wichtiges von Unwichtigem zu unterscheiden.

Manchmal ist es als innere Haltung einer Sache gegenüber hilfreich, diese erst einmal so zu nehmen, wie sie ist – statt sofort in Aktionismus oder Entmutigung zu verfallen **(Anerkennen, was ist)**. Eine Veränderung kann dann auf verschiedenen Reaktionsebenen geschehen: körperlich, gedanklich, gefühlsmäßig oder im Verhalten. Wir werden uns mit jeder dieser Ebenen befassen, Ideen zur Veränderung und Strategien zur besseren Belastungsbewältigung sammeln, wohl wissend, dass letztlich alle eng miteinander verwoben sind und sich ständig gegenseitig beeinflussen **(Wissen, welche Arten von Bewältigung es gibt).** Jeder wird im Alltag selbst Erfahrungen machen, welche Form der Bewältigung in welcher Situation für ihn geeignet ist **(Umsetzen von Wissen in Handeln),** und nicht selten ist dabei die Fähigkeit zur Improvisation gefragt.

Stressbewältigungskompetenz wird also als die Fähigkeit des Einzelnen gesehen, unter Berücksichtigung der Wechselwirkung körperlicher, psychischer, sozialer und umweltbezogener Aspekte nicht automatisch, sondern situationsangemessen etwas für die Bewältigung seiner Anforderungen und Probleme und für den Erhalt seiner Gesundheit zu tun oder mit einer Krankheit zu leben. Dabei scheint es gesundheitsförderlich zu sein, sich dem Strom des Lebens anzuvertrauen, den vielfältigen Abhängigkeiten, die unser Dasein bestimmen, zuzustimmen und gleichzeitig den eigenen Handlungsspielraum zur Gestaltung des Lebensfeldes auszunutzen.

III Hilfreiche Prinzipien zur besseren Alltagskompetenz

In diesem Kapitel sind einige übergreifende Prinzipien und Strategien zusammengestellt, die erfahrungsgemäß den Umgang mit den Widrigkeiten des Alltags erleichtern und die hilfreich sind, um in komplizierten und komplexen Situationen handlungsfähig zu bleiben. Die erste dieser Schlüsselkompetenzen ist, sich zurücklehnen zu können und wahrzunehmen, was da ist, statt in einen vorschnellen Aktionismus zu fallen. Die zweite betrifft die umfassende Kenntnis der inneren und äußerlich verfügbaren Ressourcen und das Vertrauen, diese auch nutzen zu können. Eine weitere, wesentliche Kompetenz bezieht sich auf den Umgang mit eigenen Grenzen und Schwächen und wie mutig und ehrlich Sie diesbezüglich sich selbst und anderen gegenüber sind. Und schließlich geht es um den viel zitierten inneren Schweinehund bzw. um die Frage: Warten oder tun?

Überblick

2. **Der Strauß an Möglichkeiten: Ressourcen kennen und verfügbar haben**
   Übung: Imagination »Fähigkeiten und Ressourcen« (nach S. Signer-Fischer)
   Übung: Können Sie was?
   Übung: Was sind Ihre Kraftquellen?
3. **Realistische Selbsteinschätzung und Selbstverantwortung**
   Übung: Müssen und wollen
   Mit heißer Nadel gestrickt…
   Wie stehen Sie zu Ihrer Arbeit?

1. So fängt Gelassenheit an: Zuwendung – Wahrnehmung – Annahme

Genau genommen leben sehr wenige Menschen in der Gegenwart. Die meisten bereiten sich vor, demnächst zu leben.

Jonathan Swift

Bisher wurde deutlich, dass Gesundheit, Wohlbefinden und Stress für jeden etwas anderes bedeuten. Die meisten gehen jedoch – auch bei zwischenmenschlichen Ereignissen – von ihrer Sicht der Dinge aus, ohne in Betracht zu ziehen, dass es auch andere Perspektiven einer Sache geben kann. Außerdem bewegen wir uns bei Diskussionen im Alltag oft auf einem wenig konkreten Niveau bzw. hören einander gar nicht zu. Wenn dann allgemein von *Stress* oder *dem Problem* die Rede ist, glauben wir meistens schnell zu wissen, was gemeint ist. Diese fehlende Konkretheit kann zu fruchtlosen Debatten führen, weil eben jeder implizit von seiner ganz persönlichen Sicht der Dinge ausgeht.

Je konkreter ein Sachverhalt jedoch beschrieben wird, desto konkreter können andere darauf eingehen, und je klarer Sie Ihre Wünsche formulieren, desto größer ist die Wahrscheinlichkeit, auch da zu landen, wo Sie hinwollen. Sie werden merken, dass es Zeit und Muße braucht, **sich einiges genauer klar zu machen.** Vielleicht ist es Ihnen jetzt gerade zu mühsam oder zu langwierig, die Vorschläge zur eigenen Bearbeitung auszufüllen. Vielleicht schaffen Sie es aber, sich bei dieser Entscheidung bewusster zu beobachten und zumindest kurz zu klären, ob Sie die folgenden Fragen und Themen irrelevant, uninteressant oder langweilig finden oder ob Sie ihnen aus anderen Gründen noch aus dem Weg gehen. Eine solche sich selbst beobachtende Haltung ist frei von Selbstvorwürfen, sie stellt zunächst nur urteilsfrei fest, was der Fall ist, und ist auch offen für die guten Gründe, warum das jetzt so ist. Diese Art der Selbstaufmerksamkeit ist in vielen Fällen der Beginn einer veränderten Haltung gegenüber Ihrer verfügbaren Zeit, den eigenen Prioritäten und Ihren eigentlichen Bedürfnissen. Das **Annehmen der aktuellen Situation,** wie sie nun einmal gerade ist, nimmt Druck. Schimpfen, Ausweichen, Verdrängen bringen keine Veränderung, sie führen zu Stress mit dem Stress und sind langfristig gesundheitsschädlich.

Zuwendung zum Problem

Wer ein Problem definiert,
hat es schon halb gelöst.

Julian Huxley

Die bewusste Wahrnehmung der äußeren und inneren Aspekte einer belastenden Situation ist keineswegs selbstverständlich. Die meisten lernen nämlich im Verlauf ihres Lebens und spätestens im beruflichen Alltag, körperliche und psychische Signale zu ignorieren oder gar zu verdrängen. Außerdem ist ein Teil der körperlichen Stressreaktion durchaus angenehm, denn Adrenalin wirkt ja aktivierend. Bei chronischer Aktivierung werden dann körperliche Ermüdungssignale gar nicht mehr wahrgenommen oder eben erst, wenn es schon spät ist.

Ziel der folgenden Übung ist es, sich auf achtsame Weise den eigenen Reaktionsweisen und denen der anderen zuzuwenden und die verschiedenen Aspekte einer Situation bewusst wahrzunehmen. Im Sinne des Bausteinprinzips wurden die einzelnen Erlebensebenen getrennt – wohl wissend, dass sie eng miteinander zusammenhängen und manchmal schwer zu differenzieren sind. So lässt sich die Fähigkeit der Wahrnehmung jedoch leichter trainieren, zum Beispiel indem Sie sich nach Stresssituationen ein paar Minuten Zeit nehmen und die nachstehende Situationsanalyse durchführen. Ich weiß, das ist anfangs lästig, aber wenn Sie das einige Male schriftlich tun, werden Ihnen mögliche Zusammenhänge zwischen spezifischen Belastungssituationen, körperlichen Signalen, Gedanken, Gefühlen und Verhaltenskonsequenzen bewusster werden.

Übung **Situationsanalyse**

Beginnen Sie mit der allgemeinen Formulierung eines Ihrer aktuellen **Probleme**:

____

____

____

Dieses Problem kommt wahrscheinlich in ganz unterschiedlichen, konkreten Situationen zum Ausdruck. Beschreiben Sie nun eine dieser Situationen, in der das Problem zum Tragen kommt, und zwar so genau, dass ein Leser sich das Geschehen vor seinem inneren Auge vorstellen könnte.

Eine typische Situation, in der sich dieses Problem äußert (Ort, Zeitpunkt, Verhalten der Beteiligten – Videotechnik):

____

____

____

____

Erinnern Sie sich an Ihre **Körperempfindungen?**

Was waren/sind Ihre **Gedanken, inneren Sätze** dazu?

Welche **Gefühle** sind damit verbunden?

Wie haben Sie sich selbst in der Situation **verhalten?**

Gibt es **Nachwirkungen** der Situation?

Fallbeispiel

Hier das Beispiel eines Kursteilnehmers:

Problem:
Ich fühle mich ständig unter Druck.

Situationsbeispiel:
Gestern Abend saß ich um 22 Uhr noch am Schreibtisch. Meine Frau kam herein und fragte, ob ich mich noch ein wenig zu ihr setzen wolle. Ich sagte: Vergiss es, du weißt doch, dass ich fertig werden muss. Sie verließ wortlos das Zimmer.

Körperreaktionen:
Druck auf der Brust, Druck im Kopf, Müdigkeit

Gedanken
Konzentrationsstörung, immer wieder Abschweifen der Gedanken, schlechtes Gewissen: »Wahrscheinlich ist sie jetzt das ganze Wochenende sauer«; »Ich kann es niemandem recht machen«.

Gefühle
Niedergeschlagenheit, Hoffnungslosigkeit

Verhalten
Ich trank noch zwei Schnäpse, saß noch eine halbe Stunde rum und ging dann auch ins Bett, ohne dass wir noch einmal miteinander geredet haben.

Nachwirkungen
Wir gingen uns das ganze Wochenende aus dem Weg.

Videotechnik

Bei dem Beispiel von eben ist die Problemebene noch sehr allgemein formuliert, hingegen wird durch das Situationsbeispiel jedem Leser klar, was der Schreiber damit meinte, »unter Druck zu stehen« und was das für Auswirkungen in seiner Umgebung hatte. Mit Videotechnik ist die bildhafte und nachvollziehbare Beschreibung dessen gemeint, was Sie bei Erreichung des Ziels anders machen/denken/fühlen werden als bisher. Dabei wird die Situation wie eine Filmszene und ohne Interpretation dargestellt. Auch bei so genannten **Videogesprächen** soll die Beschreibung einer Situation zunächst nicht über das hinausgehen, was auf einer Videokassette zu sehen oder zu hören wäre. Alles andere sind individuelle Hypothesen, Bedeutungen oder Interpretationen, die wir den sinnlich wahrnehmbaren Tatsachen geben – und die können individuell höchst unterschiedlich ausfallen.

Zuwendung zur Lösung

Der Langsamste,
der sein Ziel nicht aus den Augen verliert,
geht noch immer geschwinder als jener,
der ohne Ziel umherirrt.

Gotthold Ephraim Lessing

Genauso sinnvoll wie die Konkretisierung von Problemen ist die Konkretisierung von Wünschen oder erhofften Lösungen. Dies ist nämlich ein weiteres Merkmal unseres Kommunikationsverhaltens unter Belastungen: Erfahrungsgemäß investieren wir viel Zeit und Energie in immer neue Varianten der Problembeschreibung, statt konkrete Aussagen darüber zu machen, was und wie wir es gerne hätten. Wünsche werden gern in Vorwürfe gepackt *(du interessierst dich sowieso nicht für mich)* und sind dann gleichermaßen allgemein wie unendlich. **Umschriebene, konkrete, endliche Wünsche** ist die Devise, und sie bewährt sich sowohl für kleine Zeiteinheiten (im partnerschaftlichen Bereich: *Kann ich eine viertel Stunde meinen Kopf in deinen Schoß legen?*; in Teambesprechungen: *Wir haben heute gut gearbeitet, wenn …*), für Projekte, die verschiedene Teilschritte benötigen, bis hin zur großen Sinnfrage, was ich im Leben gern erreichen möchte. Das Prinzip einer spezifischen Lösungsbeschreibung ist anziehender und effektiver, als von einem Problemzustand lediglich wegzuwollen, ohne zu wissen wohin. Außerdem ist die Visualisierung und Simulation einer potenziell schwierigen Lage eine ideale Vorbereitung für diese Situation. Dieses **Probehandeln im Kopf** stellt übrigens auch einen Hauptbestandteil mentaler Trainingsformen dar, bei denen verschiedene Phasen einer Situation und der dafür erforderlichen Bewegungsabläufe bis ins Detail gedanklich vergegenwärtigt und durchgespielt werden. Musiker können durch Visualisierung ihrer Fingerbewegungen mental üben, Leistungssportler durch Vergegenwärtigung ganzkörperlicher Bewegungsabläufe. Dabei wird übrigens die Muskulatur nachweislich mittrainiert, weil sie durch die mentalen Vorgänge aktiviert wird.

Parkgebühr

Milton Erickson war ein bekannter Hypnotherapeut, und viele Leute kamen in seine Praxis. Eines Tages klingelte eine Frau mittleren Alters an seiner Haustür und wollte die Rechnung für ihre Behandlung bezahlen, obwohl er sie noch nie gesehen hatte. Sie erklärte, sie habe sich nicht getraut, um eine Behandlung anzufragen, habe aber stattdessen regelmäßig vor der Hofeinfahrt geparkt. In Gedanken habe sie sich dann vorgestellt, wie sie ihm ihr Problem schilderte, und sich dann überlegt, was Erickson wohl antworten würde. Das habe ihr geholfen, und nun wolle sie für die »Parkgebühr« bezahlen. M. Erickson nannte ihr einen Betrag, den sie dann zufrieden bezahlte.

Bitte schildern Sie nun Ihre gewünschten Veränderungen an ganz konkreten Beispielen, sodass ein Leser sich diese Veränderungen vor seinem inneren Auge vorstellen könnte (Videotechnik). Je konkreter Ihre Beschreibungen sind, umso klarer wird auch Ihnen selbst, was Sie verändern möchten. Sie können mit demselben Problem wie oben oder mit einem anderen weitermachen.

Wer nicht an Wunder glaubt, ist kein Realist.

Arabisches Stichwort

Mein **Problem:**

___

___

___

Nehmen wir an, es passiert über Nacht ein **Wunder** und Ihr Problem ist morgen gelöst.
Woran werden Sie das **an sich selber** und in **ganz konkreten Situationen** merken? Werden Sie sich anders verhalten als bisher? Wie werden Sie sich körperlich fühlen? Werden Sie andere Gedanken haben und, wenn ja, welche?

___

___

___

___

___

Werden auch **Personen aus Ihrer privaten und beruflichen Umgebung** merken, dass das Wunder bei Ihnen eingetreten ist? Wer aus Ihrer Umgebung wird am meisten von der Veränderung betroffen sein? Woran wird diese Person das merken?

___

___

___

___

___

Fallbeispiel **Hier wieder das Beispiel aus einem Kurs:**

Das **Problem eines Kursteilnehmers** lautete:
Ich fühle mich ständig unter Druck.

Das **Wunder** werde ich an mir selbst daran merken, dass…

ich in solchen Belastungssituationen häufiger meinen Druck mitteile, damit meine Familie mein Verhalten besser versteht und ich mich nicht dauernd schuldig fühle. In der oben genannten Situation werde ich meine Arbeit unterbrechen und mich kurz mit meiner Frau unterhalten. Ich werde sie entweder bitten, noch auf mich zu warten, und dann meine Arbeit beenden oder ihr erklären, warum ich so lange arbeiten muss.

Am ehesten werden diese Veränderung meine Frau und meine Kinder merken, wie oben beschrieben.

Anmerkungen zur Übung

- Videotechnik meint auch hier, dass Sie Ihren Veränderungswunsch anhand eines konkreten Beispiels beschreiben. Wenn Sie geantwortet haben: *Wenn das Wunder passiert, geht es mir besser,* ist das wieder so allgemein, dass jeder seine eigenen Vorstellungen damit verbinden kann. Die Formulierung von nachvollziehbaren Unterschieden zum Jetzt-Zustand ist anfangs zwar mühsam, aber sie setzt einen inneren Suchprozess in Gang, der schon einen ersten Schritt zur Veränderung aufzeigen kann.
- Die Wunderfrage wird auch oft mit **Negationen** beantwortet: *Ich bin weniger gestresst, ich habe keine Kopfschmerzen mehr, mir fallen meine Aufgaben nicht mehr so schwer* usw. Damit haben Sie und andere jedoch noch keine Vorstellung, was dann stattdessen da ist: Wenn die Schmerzen weg sind, wie fühlen Sie sich dann? Wie werden Sie Ihre Aufgaben im Unterschied zu jetzt erledigen? Mit dieser Art, »positiv« zu denken«, ist hier also keine Wertung im Sinne von »gut« verbunden, sondern die Ausrichtung auf ein existierendes Ziel, getreu dem Pfadfinderspruch: Wer nicht weiß, wo er hinwill,

braucht sich nicht zu wundern, wenn er ganz woanders ankommt.

- Häufig werden bei den Antworten auf die Wunderfrage **Veränderungen bei anderen** Personen gewünscht, zum Beispiel: *Wenn das Wunder passiert, wird meine Frau mich besser verstehen.* Natürlich ist der Wunsch berechtigt, dass Ihre Partnerin freundlicher zu Ihnen ist oder mehr Verständnis für Sie hat. Dieses Ziel liegt jedoch außerhalb Ihrer Handlungsmöglichkeit. Ihre Ziele können sich nur auf Aspekte beziehen, die Sie selbst in der Hand haben, zum Beispiel: *Wenn das Wunder passiert, werde ich meiner Frau erzählen, was mich so unter Druck setzt, und sie um Verständnis bitten, dass ich wenig für sie da bin.*
- Manchmal werden Teilnehmer in Seminaren richtig sauer bei der Wunderfrage: *Wenn ich die Lösung wüsste, dann hätte ich ja kein Problem mehr.* In diesem Fall wäre dann die Antwort auf die Wunderfrage zum Beispiel: *Wenn das Wunder passiert, werde ich wissen, ob ich bei meiner Frau bleibe oder mich trenne, und werde dazu auch stehen.*

Zuwendung zu Ihrem Gegenüber

Nächstenliebe ist zugewandte Wahrnehmung des Mitmenschen.

Carl Friedrich von Weizsäcker

Bisher ging es darum, Situationsaspekte bewusster wahrzunehmen und eigene Befindlichkeiten, Meinungen oder Anliegen klarer zum Ausdruck zu bringen. Im Gespräch ist es jedoch ebenso wichtig, dass ich die Äußerungen meines Gesprächspartners wahrnehme und zu verstehen suche. Sonst reden wir aneinander vorbei und erhöhen den Stress, statt Probleme zu klären. Leider fällt es uns allen sehr schwer, dem Gegenüber »nur« unser Ohr zu leihen und ein guter Zuhörer zu sein, ohne sofort eigene Statements abgeben zu wollen. Sie können es beim nächsten

Pausengespräch, bei Diskussionen mit Ihrer Partnerin oder mit Freunden, in Interviews und Talkshows beobachten: Oft findet gar kein Gespräch, sondern ein Schlagabtausch mit geschlossenen Ohren statt, bei dem nur auf Hinweisreize und Auslöser gewartet wird, um endlich die eigenen Gedanken und Erfahrungen loszuwerden, meistens ohne sich auf den Vorredner zu beziehen. Wenn Sie zum Beispiel heute Abend einen Fernsehfilm anschauen und Ihre Frau wird danach sagen: *Das war aber ziemlich langweilig*, dann werden Sie wahrscheinlich fast unweigerlich mit einer eigenen Bewertung antworten, aus Ihrem persönlichen Bezugsrahmen heraus. Diese Bewertungstendenz steigert sich noch bei emotionalen Situationen, und die Beteiligten haben irgendwann das Gefühl, gar nicht mehr über die Sache und ständig aneinander vorbeizureden. Sie wiederholen nur in Variationen ihre Behauptungen, ohne dass einander wirklich zugehört, geschweige denn aufeinander eingegangen wird. Jeder ist nur damit beschäftigt, was er selbst als Nächstes sagen wird. Doch: Zwei Monologe ergeben noch kein Gespräch (N. Bobbio). Der einzige Weg aus dieser Sackgasse ist: zuhören unter Verzicht auf die Wertung aus eigener Sicht, stattdessen probehalber den Standpunkt des anderen einnehmen, verstehen wollen, was er meint und wie ihm zu Mute ist. Das klingt ziemlich einfach, aber wenn Sie dies in Gesprächen mehr zu beherzigen versuchen oder sogar Partner finden, die sich an der folgenden Übung beteiligen, werden Sie die Erfahrung machen, dass das schon hohe Kunst der Kommunikation ist.

Empathie

Empathie umschreibt dagegen die Fähigkeit, die Erfahrung eines anderen Menschen zu verstehen und darauf angemessen zu reagieren …
Wer nur mit dem Propagieren der eigenen Ansichten beschäftigt ist, wer nicht hinhören und mitfühlen lernt, verzichtet auf eine der wichtigsten Schlüsselfähigkeiten unserer Zeit. Empathie macht uns kreativer, toleranter, flexibler – und gewährt uns das Glück des Verstehens.

Heiko Ernst. Das gute Leben. Berlin: Ullstein. Seite 145

Das größte Problem an der Kommunikation ist die Illusion, sie hätte stattgefunden.

George Bernard Shaw

Wenn Sie diese Übung machen wollen, brauchen Sie bei einer Diskussion nur folgende Grundregel zu beachten: Jeder Diskussionsbeitrag muss dadurch eingeleitet werden, dass der Sprecher sinngemäß wiederholt, was sein Vorredner gesagt hat. Dabei reproduziert er nicht einfach den Redebeitrag des Vorredners, sondern bemüht sich, den gefühlsmäßigen Hintergrund des Gesagten zu berücksichtigen und den Sinn wiederzugeben. Der eigene, weiterführende Beitrag darf erst erfolgen, wenn der Vorredner mit der Umschreibung seines Beitrages durch Sie einverstanden ist.

Anmerkungen zur Übung:
Ohne Moderator, der auf die Einhaltung der Vereinbarung achtet, kann man davon ausgehen, dass die Kommunikationsregel schon nach kurzer Zeit nicht mehr eingehalten wird. Gratulation, wenn Sie es geschafft haben! Erfahrungsgemäß werden dann als positive Aspekte des Experiments genannt, dass die Diskussion zwar zäher, aber konzentrierter und weniger emotionsgeladen war als sonst, dass die Meinungen nachvollziehbarer wurden und dass manche sogar ihre Meinung revidiert haben.

Hier noch einige Fragen zur gemeinsamen oder persönlichen Auswertung:

- Auf welche Weise unterschied sich diese Diskussion von einem normalen Gespräch?

  ____

  ____

  ____

  ____

  ____

- Was ist Ihnen bezüglich Ihrer eigenen Zuhör- und Sprechgewohnheiten aufgefallen?

- Welches Gesprächsverhalten von anderen erleichtert Ihnen das Zuhören, welches erschwert es eher?

- Welche Konsequenzen möchten Sie persönlich aus diesem Experiment ziehen?

Zusammenfassung

Stresserleben hat eine biologisch wichtige Funktion, es ist ein sicheres Anzeichen dafür, dass Handlungsbedarf besteht, um dem Organismus langfristig nicht zu schaden. Für einen bewussten Umgang mit uns selbst und unseren Belastungen ist also weder Vermeidung oder Verdrängung noch eine hypochondrische Überbetonung der jeweiligen Situationsmerkmale günstig. Die Fähigkeit, unsere Umgebung einfach wahrzunehmen, wie sie ist, unsere Gefühle und Gedanken und die des Gegenübers zu registrieren, ohne gleich zu werten und zu urteilen, hilft uns dabei, uns nicht noch mehr hineinzusteigern. Diese **Zuwendung zu den inneren und äußeren Gegebenheiten** macht uns bewusst, was wir sonst ausklammern, übergehen oder verallgemeinern. Und wenn ich Sie jetzt hier darauf aufmerksam mache, merken Sie vielleicht, dass Sie sich bewegen möchten, um bequemer zu sitzen. Sie spüren die Unterlage Ihrer Sitz- oder Liegegelegenheit, die Hände, da, wo sie aufliegen, und jetzt, wo ich es sage, auch die Füße, da, wo sie die Unterlage berühren...

Die **bewusstere Aufmerksamkeit** und die damit verbundene **Sensibilisierung** kann zunächst zu einer vorübergehenden, vermeintlichen Verschlechterung Ihres Befindens führen – Sie nehmen ja auch die negativen Aspekte einer Situation intensiver wahr. Sie spüren jedoch nur, was ohnehin da ist, und können sich dann entscheiden, ob Sie darauf reagieren möchten oder nicht.

2. Der Strauß an Möglichkeiten: Ressourcen kennen und verfügbar haben

Die eigene Gesundheit ist viel zu wichtig,
um sie den Fachleuten zu überlassen.

Till Bastian

Ob Sie ein Problem als Stress oder als Herausforderung erleben, hängt zum einen davon ab, ob Sie eine Situation als belastend, positiv oder irrelevant bewerten, zum anderen aber auch davon, wie Sie Ihre persönlichen Kompetenzen und Bewältigungsmöglichkeiten einschätzen. Die Erwartung von **Selbstwirksamkeit** ist ein zentraler Aspekt von Leistung und spielt nicht nur bei der Bewältigung von Alltagsbelastungen, sondern auch beim Umgang mit Krankheiten und der Beeinflussung von Risikoverhaltensweisen (zum Beispiel Gewichtsabnahme, Reduktion von Zigaretten oder Alkohol) eine erhebliche Rolle. Sie umfasst vor allem das Vertrauen ins eigene Tun und die Meinung, den Anforderungen gewachsen zu sein. Wenn Sie sich vergegenwärtigen, welche privaten und beruflichen Herausforderungen Sie bis zum jetzigen Zeitpunkt schon bewältigt haben, so ist eigentlich davon auszugehen, dass Sie ein reichhaltiges Repertoire an Kenntnissen und Potenzialen zur Bewältigung Ihrer Probleme zur Verfügung haben. Ressourcen sind also da. Manchmal geht es gar nicht darum, etwas Neues zu lernen, sondern vielmehr darum, sich dieser Fähigkeiten wieder bewusst zu werden und sie flexibel verfügbar zu haben: Dazu bedarf es in konkreten Stresssituationen oft erst einmal der Distanzierung oder gar einer Auszeit, um auf die innere Stimme lauschen zu können.

Wenn Sie möchten, machen Sie sich beim abschnittweisen Lesen der folgenden Imaginationsübung auf die innere Suche nach eigenen Fähigkeiten und Ressourcen.

Übung

Imagination zu Fähigkeiten und Ressourcen
(nach S. Signer-Fischer)

Jetzt, während Sie das lesen, können Sie sich auf die Suche machen nach etwas, was Sie gut können,
ein Geschick oder eine Fähigkeit von dir, ... sei das nun Autofahren, Malen, Witze erzählen, Kochen, Geschichten ausdenken, andere unterhalten ... oder etwas ganz anderes ...
Ich nehme an, du kommst bei verschiedenen Fähigkeiten vorbei, wo du denkst: Das kann ich gut ...

Und wenn du willst, einfach eine auswählen und in den Vordergrund nehmen ...
Und dich erinnern an eine Situation, wo du diese Tätigkeit ausgeübt oder diese Fähigkeit besonders gespürt hast ... Und wenn du diese Situation gefunden hast, diese Situation noch einmal durchleben, ... in allen Einzelheiten oder in einigen, und gut darauf achten, wie es aussieht dort, was du hörst, was zu riechen ist ..., und gut darauf achten, wie sich das anfühlt ...

Und es kann sein, dass du das Beste an dieser Situation herausfindest. Dieser Höhepunkt kann das sein, wo du genau spürst, wie es dir gut geht, wenn es gelingt ...

Darauf achten, woran du das merkst, wie sich das anfühlt, das Gut-Können, und wo im Körper du das besonders spürst ... Manche spüren das an der Atmung, ... andere vielleicht an einem Gefühl von Wärme oder Leichtigkeit oder an etwas ganz anderem ...
Und wenn du das spürst, darauf achten, wie sich das anfühlt, diese Qualität: ... Warm, ... frisch, ... leicht, ... fest, wie Seidenstoff oder wie Wolle oder sonst etwas ... ob eine Farbe dazu passt oder eine Melodie, ein Wochentag oder eine Zahl ...
Es kann auch sein, dass du von diesen Körperempfindungen ein Foto machst oder das Bild festhalten willst ... und darauf achten, wie du Körperempfindungen gut stärken kannst und, wenn du willst, einen Zugang dazu hast, eine Gedächtnisspur legst ...
Und dann die Situation abschließen, sodass es stimmt, und dich von dem Ort und der Zeit verabschieden und zurückkommen an diesen Ort und in diese Zeit ...

Wenn Sie möchten, können Sie jetzt ein Bild, eine Zeichnung, eine Skizze machen, die zu diesem Körpergefühl passt, und dieses Blatt hier im Buch belassen, in die Manteltasche stecken oder in der Schreibtischschublade deponieren.

Könner wissen genau, was sie wie gut können. Sie verzetteln sich nicht und investieren vor allem in ihre Stärken. Was sind Ihre **Fähigkeiten, Kompetenzen, Stärken?**

Können Sie was? **Übung**

____

____

____

____

Außer Fähigkeiten und Kompetenzen können auch Erfahrungen, Erlebnisse, Aktivitäten, Personen, Orte oder Dinge Kraftquellen sein. Bei der folgenden Übung sind Sie eingeladen, sich zu erinnern, was für Sie stärkend und ermutigend auch in schweren Zeiten war und ist. Einige Beispiele: Der eine wird nie seinen ersten Sprung vom Dreimeterbrett vergessen, die andere hat Gefühle von Geborgenheit, wenn sie Pfeifenrauch riecht, der sie an die Pfeife des Großvaters erinnert, und manche Paare reisen immer wieder zum Ort ihrer ersten Begegnung. Jeder hat solche Quellen innerer Zufriedenheit und ein tiefes Wissen darüber, woraus er Kraft schöpfen kann.

Übung **Was sind Ihre Kraftquellen?**

In der Vergangenheit: Erinnerungen, Erlebnisse, Erfahrungen, Personen, Dinge, Orte, Aktivitäten und Aktionen

____

____

____

____

In der Zukunft: Ziele, Pläne, Phantasien

____

____

____

____

____

In der Gegenwart: Personen, Dinge, Orte, Aktivitäten und Aktionen

____

____

____

____

____

3. Realistische Selbsteinschätzung und Selbstverantwortung

Die häufigste Form des Diebstahls betrifft einen selbst: Wie oft stiehlt man sich aus der Verantwortung.

Beim Thema »Ressourcen« ging es um die Frage, ob ich mir die Problembewältigung wirklich zutraue und mir meiner Kompetenzen bewusst bin. Stresserleben in Anforderungssituationen kann aber auch damit zu tun haben, dass ich die eigenen Anteile an einem Problem nicht sehen bzw. eingestehen kann und dass ich Widerstände und Unlust gegenüber bestimmten Anforderungen habe. *Ich habe keine Zeit, das kann ich nicht, ich kann sowieso nichts machen* sind Vorwände und Scheinargumente zur Selbstberuhigung. Zeit haben wir nicht, sondern wir nehmen sie uns, und Nichtkönnen hat etwas mit Nicht gelernt haben zu tun – und das erfordert nun mal Üben, Anstrengung, Verausgabung. Um einem Missverständnis vorzubeugen: Wir alle sind hineingeworfen in große gesellschaftliche und wirtschaftliche Veränderungen, in denen vielen die Orientierung fehlt. Nicht zu wissen, wie man von der Umstrukturierung im Betrieb betroffen ist oder ob man überhaupt den Arbeitsplatz behält, ist mit erheblichen Belastungen und Ängsten verbunden. Hier wird Selbstverantwortung dann oft mit »selber schuld« gleichgesetzt. Das ist natürlich nicht gemeint. Vielmehr geht es um die Kontrolle in Ihrem direkten, persönlichen Wirkungskreis, in dem Sie wichtige Veränderungen veranlassen und Einfluss – auch auf Ihre Umgebung – nehmen können. Hierzu im Folgenden ein Experiment.

Übung **Müssen und wollen**

Freiheit bedeutet Verantwortlichkeit. Das ist der Grund, weshalb sich die meisten Menschen vor ihr fürchten.

George Bernard Shaw

1. Schreiben Sie sieben Sätze, die beginnen mit: ***Ich muss.*** Zählen Sie einfach auf, was Sie Ihrer Meinung nach tun oder sein müssen. Schreiben Sie die Sätze langsam und bewusst und achten Sie auf Ihre Empfindungen dabei:

2. Schreiben Sie sieben Sätze, die beginnen mit: ***Ich kann nicht:***

3. Schreiben Sie nun sieben Sätze, die beginnen mit: ***Ich brauche unbedingt:***

zu 1.: Nun schreiben Sie jeden Satz noch einmal, beginnen ihn aber jetzt stereotyp mit: Ich entscheide mich zu/für …

zu 2.: Nun schreiben Sie jeden Satz noch einmal, beginnen ihn aber jetzt stereotyp mit: Ich will nicht…

____

____

____

____

zu 3.: Nun schreiben Sie jeden Satz noch einmal, beginnen ihn aber jetzt stereotyp mit: Ich wünsche mir…

____

____

____

____

Anmerkungen zu der Übung:
Zugegeben, ein massiver Anstoß zur Selbstverantwortung. Erfahrungsgemäß reagieren viele zunächst mit Ärger und Widerstand auf die Behauptung, dass Stresserleben häufiger als gedacht mehr durch mangelnde Selbstverantwortung oder übersteigerte Ansprüche als durch äußere Zwänge entsteht. Welche Gefühle sind bei Ihnen entstanden? Wird durch diese Übung die Motivation für bewusstere Entscheidungen geweckt? Wie realistisch haben Sie die Alternativen erlebt? Bei welchen Beispielen war die Alternativformulierung eindeutig falsch?

Mit heißer Nadel gestrickt…

In der rational-emotiven Therapie werden verschiedene extreme, so genannte **heiße** Denkmuster beschrieben, die zu anhaltenden negativen und belastenden Gefühlen führen. Diese Bewertungen betreffen vor allem

- das Übersteigern von Wünschen und Forderungen, z. B. *man zeigt bei der Arbeit keine Schwächen,*
- eine globale, negative Bewertung der eigenen Person oder

anderer, z. B. *ich kann nicht singen; die schaffen das nicht, wenn ich nicht dabei bin,*

- niedrige Frustrationstoleranz, z. B. *ich kann es nicht ertragen, wenn...* und
- Katastrophendenken als Übersteigerung des Ausmaßes negativer Ereignisse, z. B. *es ist absolut schrecklich, wenn...*

Es liegt nahe, dass solche extremen Einstellungen, aber auch ihre Umkehrung erhebliche Belastungen und negative Emotionen mit sich bringen können (Schelp et al. 1997). Beispiele:

- Alles-egal-Denken, z. B. *wenn ich es nicht mache, macht es ein anderer,*
- globale positive Personenbewertung von sich selbst oder anderen, z. B. *ich bin der Größte* oder: *an ihn reicht keiner ran,*
- überhöhte Einschätzung der eigenen Belastbarkeit, z. B. *ich hab da keinerlei Problem...*

Bei **warmen,** d. h. realistischen und flexiblen Bewertungen entstehen adäquate, realistische, negative Emotionen *(es ist mir jetzt sehr unangenehm, dass..., es ist mir sehr wichtig, aber ich muss es nicht haben, oder: es ist schwer, aber ich kann es aushalten).*

Das Ziel entsprechender Beratung oder Therapie ist also, dass sich der Klient bewusst mit der Logik seiner Meinungen auseinandersetzt, Verantwortung für sein Denken und Fühlen übernimmt und mehr Toleranz für sich und andere entwickelt.

Auch die Arbeitszufriedenheit hängt zu einem gewissen Teil davon ab, welche innere Haltung Sie selbst gegenüber Leistung, Fehlern, Verantwortung, Autorität etc. haben. Die meisten meinen zwar, selbstverantwortlich zu handeln, in Wirklichkeit schieben sie jedoch allzu oft die Verantwortung und Kontrolle über ihr Leben und Befinden auf andere. Natürlich gibt es objektive Zwänge, und auch ein selbstverantwortlicher Mensch kann gesellschaftliche Bedingungen wie Arbeitslosigkeit nicht ändern. Viele Zwänge erlegen wir uns jedoch selber auf – jeden Tag neu und aus guten Gründen. Erfahrene Managementtrainer sind hier ganz rigoros: Wenn Sie an Ihrer Arbeitseinstellung arbeiten wollen, sollten Sie sich zunächst für oder gegen Ihren derzeitigen Arbeitsplatz entscheiden. Vielleicht gibt es ja wirklich gute Gründe, sich eine andere Stelle zu suchen – wenn nicht, sollten Sie dazu stehen, dass es zurzeit noch eine ganze Reihe Gründe dafür gibt, dass Sie an Ihrer Arbeitsstelle einen nicht geringen Teil Ihrer Lebenszeit verbringen. Damit sollen schwierige Arbeitsbedingungen nicht schöngeredet werden, aber der Vorteil einer Situation kann auch im Nachteil der Alternativen liegen. Hierzu ein paar Fragen:

Wie stehen Sie zu Ihrer Arbeit?
(nach Stollreiter et al. 2000, S. 186)

Übung

Welche Ziele verfolgen Sie mit Ihrer derzeitigen Arbeit? (Finanzielle Sicherheit für mich und meine Familie, Karriere, Wohlstand, Selbstverwirklichung usw.)

____

____

____

Welchen zusätzlichen – vielleicht auf den ersten Blick verborgenen – Nutzen ziehen Sie aus Ihrer Arbeit? (Freundschaft/Kontakte/Sozialleistungen/Erfahrungen/lebenslanges Lernen usw.)

____

____

____

Welchen Nutzen bringt Ihre Arbeit für andere mit sich? (Kinder/Partner/Gesellschaft/Kunden usw.)

____

____

____

Wenn Ihr Resümee schlecht ausfällt, erfassen Sie auch mögliche Alternativen zu Ihrer derzeitigen Beschäftigungssituation:

____

____

____

____

____

Zum Abschluss einige nützliche Devisen für mehr **Selbstverantwortung:**

- Halten Sie sich die Beweggründe Ihrer Entscheidungen und Ihres täglichen Tuns vor Augen.
- Fragen Sie sich ernsthaft, ob Sie wirklich keine Wahl haben oder ob Ihnen die Wahlmöglichkeiten lediglich nicht gefallen. Entscheiden Sie sich täglich neu.

Machen Sie sich die Alternativen zu Ihrer jetzigen Situation klar. Wenn Ihnen diese nicht gefallen oder wenn sie nicht umsetzbar sind, entscheiden Sie sich bewusst für das, was Sie gerade tun – und stehen Sie dazu.

Es gibt nichts Gutes… Machen muss es jeder selbst.

Verantwortlich ist man nicht nur für das, was man tut,
sondern auch für das, was man nicht tut.

Laotse

Mehr dazu ist hier eigentlich nicht zu sagen.

IV Signale des Körpers wahr- und ernst nehmen

In diesem Kapitel geht es um die körperlichen Auswirkungen von kurzfristigem Stress und andauernder Überlastung und um die Möglichkeiten, körperliche Signale angstfrei wahrzunehmen und positiv zu beeinflussen. Sie werden keine ausführliche Anleitung für Entspannungstechniken finden, denn solche Methoden aus einem Buch lernen zu wollen, würde diesen Verfahren nicht gerecht werden. Aber Sie werden wieder zu kleinen Selbstversuchen eingeladen und erfahren einiges Wissenswerte über Entspannung in der Hoffnung, dass Sie auf den Geschmack kommen und sich einer Methode vielleicht doch ausführlicher zuwenden wollen.

Überblick

3. Entspannung ja, aber wie und was?
Achtsamkeitsschulung
Progressive Muskelrelaxation (PMR)
Autogenes Training (AT)
Sorry, schon wieder: Es gibt nichts Gutes…
Besondere Entspannungsformen für Bildschirmarbeiter
Übung: Körperbalance
Übung: Palmieren
Verwechseln Sie Antriebslosigkeit nicht mit Entspannung!

4. Zusammenfassung und Konsequenzen

1. Zuwendung und Wahrnehmung als Voraussetzung für Veränderung

Leib und Seele sind nur insofern dein,
als du Sorge für sie tragen sollst.

Marc Aurel

Um Körpersignale für Stress zu bemerken und darauf reagieren zu können, ist es natürlich hilfreich, sich diesen bewusst zuzuwenden – und zwar bevor diese Zuwendung unumgänglich ist, weil es sich um ein krankheitsrelevantes Symptom handelt. Dies ist gar nicht so einfach, haben wir uns doch die Haltung angewöhnt, dass ein gesunder Körper am besten schweigt. So werden ganz normale und situationsadäquate Aktivierungssignale entweder ängstlich überschätzt oder aber nicht beachtet oder gar verdrängt. Außerdem wird ein Teil der körperlichen Stressreaktion durch die Aktivierung als positiv erlebt, aber bei chronischem Stress fehlt dann das Gefühl dafür, wann unser Stress verhalten gesundheitsschädliche Formen annimmt.

Wenn Sie also Ihre Aufmerksamkeit bewusst auf körperliche Vorgänge lenken, spüren Sie diese eventuell deutlicher als sonst oder vielleicht sogar zum ersten Mal, und manche können zunächst sogar unangenehm sein. Dass wir sie überhaupt bemerken, ist jedoch eine Voraussetzung für ihre Veränderung.

Wie reagieren Sie körperlich bei Stress und bei Entspannung? **Übung**

Vielleicht gelingt es Ihnen ja, sich kurz und intensiv eines Ihrer aktuellen Probleme zu vergegenwärtigen und eine oder mehrere typische Situationen zu visualisieren, in der dieses Problem zum Tragen kommt. Notieren Sie, ob Sie bei der Imagination dieser Belastungssituationen irgendwelche Körperempfindungen wahrnehmen oder ob sie sich an solche erinnern.

____

____

____

____

Versetzen Sie sich in eine Phase oder Situation in der letzten Zeit, in der Sie sich wohl, entspannt, energiereich gefühlt haben. Notieren Sie, woran Sie diesen Zustand körperlich gespürt haben.

____

____

____

____

Wir werden später auf die Entstehungsbedingungen dieser Stresssignale zurückkommen. Verabschieden Sie sich jetzt erst einmal von dieser Vorstellung und wenden Sie sich einem anderen, inneren Film zu.

Weiter unten können Sie lesen, wie körperliche Stress- und Entspannungszeichen entstehen und was sie bewirken.

Wenn Sie im Alltag bewusster auf Körpersignale achten – im Stau, bei der Steuererklärung, bei einem Streitgespräch, aber auch auf dem Liegestuhl, beim Spaziergang, vor dem Einschlafen –, dann wird Ihnen vor allem zweierlei deutlicher werden:

- Für die Auslösung körperlicher Stress- oder Entspannungsreaktionen reicht die intensive Vorstellung entsprechender Situationen völlig aus: Stress und Wohlbefinden finden im Kopf statt!
- Bei allem, was Sie tatsächlich oder in der Vorstellung erleben, ist der ganze Organismus betroffen und beteiligt. Der Körper reagiert auf einem Kontinuum zwischen Aktivierung und Erholung bei allem mit, was Sie erleben und tun.

Die bewusste Wahrnehmung körperlicher Veränderungen kann auch gezielt geübt werden. Durch körperliches Achtsamkeitstraining können Sie Unterschiede auf diesem Anspannungs-/Entspannungskontinuum des Organismus spüren und durch die Verbesserung der körperlichen Wahrnehmungsfähigkeit frühzeitig auf Zeichen von Ermüdung und Anspannung reagieren. Wenn Sie eine Achtsamkeitsübung versuchen möchten, lesen Sie am besten zuerst die folgende Anleitung und setzen oder legen Sie sich dann für einige Minuten bequem hin, um die Übung durchzuführen.

Übung **Reise durch den Körper (Sensory Awareness), Kurzdarstellung**

Achten Sie einfach darauf, ob Sie wirklich bequem sitzen oder liegen, und gehen Sie mit Ihren Gedanken schrittweise den Körper durch. Sie können zum Beispiel bei den Händen beginnen und dann über die Ellenbogen, die Arme aufwärts zu den Schultern, zum Kopf und wieder zurück über Brust, Rücken, Bauch, Gesäß, Becken, Oberschenkel, Unterschenkel bis zu den Füßen und Fußsohlen wandern. Achten Sie einfach darauf, was Sie wahrnehmen, und wenn Ihre Gedanken abschweifen, kehren Sie wieder dahin zurück, wo Sie gerade waren.

Wenn Sie dabei auch ab und zu auf die Atmung achten, werden Sie spüren, dass Sie beim Ausatmen jedes Mal noch ein wenig mehr loslassen können.

Sie können diese Übung beliebig lang und ausführlich machen. Es ist nicht notwendig, dass die Augen von Anfang an geschlossen sind, am besten lassen Sie die Augen dahin fallen, wo es für Sie am angenehmsten ist. Wenn Sie das Gefühl haben, die Kontrolle zu verlieren oder dass der Blutdruck »absackt«, können Sie jederzeit die Augen öffnen und die Fäuste schließen und wieder öffnen (»pumpen«), um sich auf diese Weise kurz zu aktivieren. Anfangs kann es auch sein, dass Sie bei der Übung einschlafen. Auf jeden Fall ist es nach einer tieferen Entspannung empfehlenswert, die Übung durch Aktivierung abzuschließen *(Bewegen Sie die Fingerspitzen, Arme anziehen, tief atmen, Augen auf).*

Anmerkungen:
Diese Übung wird sowohl hinsichtlich ihrer Schwierigkeit als auch ihrer Wirkung häufig unterschätzt.

Zur Schwierigkeit: Es klingt erst einmal einfach, mit der Aufmerksamkeit den Körper durchzuscannen. Aber zunächst einmal werden Sie vor allem die Erfahrung machen, wie schnell Sie mit der Aufmerksamkeit wieder abschweifen und mit den Gedanken ganz woanders landen, als Sie begonnen haben. Lassen Sie sich nicht entmutigen, sondern nehmen Sie auch diese Tatsache lediglich zur Kenntnis und kehren Sie an den Ausgangspunkt Ihrer Körperreise zurück. Bei regelmäßiger Durchführung wird diese Übung nicht nur Ihre Wahrnehmungsfähigkeit, sondern auch Ihre Aufmerksamkeit und Konzentration positiv beeinflussen.

Zur Wirkung: Wenn es Ihnen gelingt, dabei zu bleiben bzw. mit den Gedanken immer wieder zur Körperaufmerksamkeit zurückzukehren, kommt dieser Zustand einer tiefen Entspannung gleich. In Kombination mit dem Ausatmen werden die Muskeln gelockert und Spannungen abgebaut. So gesehen stehen die Wirkungen dieser Achtsamkeitsübung bei kontinuierlicher Praxis denen von klassischen Entspannungsübungen in nichts nach.

Der Körper als Bühne der Gefühle

Wie tief greifend die Zusammenhänge von Befindlichkeit und Körperreaktionen sind, wird sogar an unseren Sprachgewohnheiten deutlich. Bei genauerem Nachdenken lässt sich eine Fülle von umgangssprachlichen Redewendungen finden, die in Zusammenhang mit einem Körperbereich oder einem Organ eine Befindlichkeit ausdrücken oder beschreiben. Sammeln Sie doch einfach einmal solche Redewendungen wie z. B. »Das liegt mir am Herzen«; »Das geht mir an die Nieren« usw.

Im folgenden Abschnitt sind nun einige Informationen zusammengestellt, um Körperreaktionen unter Stress und Entspannung (und auch einige dieser Redewendungen) besser verstehen zu können.

2. Körperliche Reaktionen unter Entspannung und Stress

Geh du voran, sagte die Seele zum Körper,
denn auf mich hört er ja nicht –
In Ordnung, sagte der Körper, ich werde krank werden,
dann hat er Zeit für dich.

(Goethe, aus Faust)

Das menschliche Nervensystem

Das menschliche Nervensystem besteht aus einem willkürlich steuerbaren (motorischen, zentralen) und einem autonomen, unwillkürlichen oder vegetativen Teil. Während der erstere, wie der Name sagt, alle willentlich beeinflussbaren Funktionen (zum Beispiel Denken, Sprechen, Bewegung) steuert, ist der letztere, entwicklungsgeschichtlich viel ältere Teil, für alle Abläufe im Organismus zuständig, die »automatisch« stattfinden und einer willkürlichen Veränderung zunächst nicht unmittelbar zugänglich sind (Verdauung, Herztätigkeit, Blutdruck, Körpertemperatur etc.). Das **vegetative Nervensystem** besteht einerseits aus verschiedenen Hirnarealen, von denen vor allem der Hypothalamus im Zwischenhirn eine zentrale Rolle spielt, und aus zwei Nervenbahnen, die mittels elektrischer Impulse und Hormone alle Körperfunktionen steuern, also für das innere Milieu des Organismus zuständig sind. Diese Nervenbahnen sind der **Sympathikus,** der eher für Aktivierung und Energiemobilisierung zuständig ist, und der **Parasympathikus** (Vagus), der bei Erholung, Entspannung und Regeneration vorrangig aktiviert ist.

Die Stressreaktion

Unser Organismus ist andauernd den Veränderungen der äußeren und inneren Welt ausgesetzt und muss entsprechende Anpassungsleistungen erbringen. Bei starken, plötzlichen oder überraschenden Veränderungen im äußeren oder inneren Milieu tritt eine Stressreaktion auf. Dies ist eine Abweichung der Körperfunktionen von der normalen Schwankungsbreite. Die akute Stressreaktion, zum Beispiel bei einer Vollbremsung, läuft heute noch genauso ab wie in den Kindertagen der Menschheit, wenn in der Savanne plötzlich ein Säbelzahntiger auftauchte: Nach einer initialen Schrecksekunde setzt eine starke Aktivierung körperlicher Funktionen ein. Durch die Ausschüttung von Adrenalin aus der Nebennierenrinde werden Betriebsstoffe wie Glucose und freie Fettsäuren mobilisiert, Herztätigkeit und Atmung werden stimuliert, der Blutdruck erhöht, Gehirn, Lunge, Leber und Herz sowie Skelettmuskeln werden besser durchblutet. Umgekehrt verengen sich die Blutgefäße in der Haut und an der Körperperipherie. Die Verdauungsorgane drosseln ihren Energieverbrauch, und Hunger, Durst und Sexualtrieb werden unterdrückt.

Abhauen oder kämpfen ist die einfache Botschaft, und alle Funktionen des Körpersystems stellen sich darauf blitzschnell ein.

Back to the future – die Steinzeit in uns, die Moderne um uns herum

Das körperliche Aktivierungsprogramm reagiert auf alles, was unser Organismus als Herausforderung oder Bedrohung einstuft, und es hatte für bewegungsfähige Lebewesen schon immer eine Überlebensfunktion, nämlich die körperlichen Voraussetzungen für Kampf oder Flucht zu schaffen. Ist die Gefahr vorüber, lässt die Stressreaktion nach: Puls, Blutdruck und muskuläre Spannung sinken, die Verdauung kommt in Gang…

Die körperliche Aktivierungsreaktion ist heute noch die gleiche wie im Pleistozän, aber die Gefahren und Bedrohungen sind andere. Außerdem ist es bei einer Auseinandersetzung mit dem Vorgesetzten nicht gerade vorteilhaft, den Rechner an die Wand zu werfen oder einfach davonzurennen, im Gegenteil: Vordergründig fühlen wir uns sogar zu Höflichkeit, zumindest aber zum Stillhalten verpflichtet, und die bereitgestellten Energien (Zucker, Fett) finden keinen »Aus-druck«. Die Erregung wird verinnerlicht, statt in Aktivität umgesetzt zu werden. Die Zivilisation hat es außerdem mit sich gebracht, dass gerade unter Dauerbelastung eine Vielzahl von Verhaltensweisen zunimmt, die vorhandene Gesundheitsrisiken noch erhöhen, zum Beispiel vermehrtes Essen oder Trinken von Alkohol, Rauchen etc.

Nun haben die technischen Fortschritte des Maschinenzeitalters unseren Körper als Erzeuger von mechanischer Energie fast vollständig entlastet, d. h., die durch Stress bereitgestellten Energien werden gar nicht mehr abgebaut. Wir bestehen aber immer noch zu 40 % aus Muskeln! So begünstigt die anhaltende körperliche Unterlastung Muskelschwund, Muskel- und Skelettkrankheiten und Herz-Kreislauf-Erkrankungen. Diese zum Teil funktionellen Störungen bis hin zu Organerkrankungen werden deshalb auch als Zivilisationskrankheiten bezeichnet. Sie sind nur durch Aktivität im Sinne von Bewegung aufzuhalten.

Ein weiterer Unterschied zu den Stressoren der Steinzeit ist die Anzahl und Dauer der heutigen privaten und beruflichen Belastungen. Sie sind häufig vielfältig, komplex und lang anhaltend, sodass der Organismus physiologisch auf dem Aktivierungsniveau verbleibt, d.h., er befindet sich, biologisch gesprochen, in andauernder Kampf- oder Fluchtbereitschaft. In dieser Widerstandsphase tragen Nerven und stressabhängige Hormone (z.B. das entzündungshemmende Kortisol) die Information *Gefahr* in alle Körperregionen, um die Voraussetzungen für anhaltende Handlungsbereitschaft zu schaffen. Der Organismus stellt sich außerdem durch Ankurbeln der Immunabwehr und Betäubung des Schmerzempfindens auf eine längere Belastungsphase ein. Dieser Daueralarm schränkt mit der Zeit die Funktionsweise einzelner Organsysteme ein und steht in direktem Zusammenhang mit vielen Beschwerden und Erkrankungen, z.B. des Herz-Kreislauf-Systems, Muskel- und Skelettapparats und der Psyche. Anhand der Liste der Körperfunktionen (folgende Seite) können Sie selbst ersehen, wie anhaltende Aktivierung den Organismus systemisch schwächt und anfällig für Erkrankungen macht. Befindlichkeitsstörungen wie z.B. Mundtrockenheit, Erschöpfbarkeit, Verspannungen, Verdauungsprobleme oder ein labiler Bluthochdruck können somit als physiologische Auslenkungen im Rahmen chronischer Belastung verstanden werden.

Kann eine Belastung befriedigend beendet werden, tritt eine Deaktivierung aller erwähnten Körperfunktionen und eine parasympathische Aktivierung ein, um diese zu regenerieren und um neue Kräfte zu sammeln (siehe ebenfalls Liste der Körperfunktionen). Häufiges Schlucken, vermehrte Tränenflüssigkeit und Verdauungsgeräusche treten bei Entspannungsübungen öfter auf als sonst und sind Anzeichen einer solchen Entspannungsreaktion.

Wenn Sie jetzt noch einmal an Ihre gesammelten Redewendungen über Befindlichkeit und Körperreaktionen denken, dann lassen sich einige von ihnen durchaus sympathikotonen oder vagotonen Reaktionsweisen zuordnen (z.B. *das Herz springt bis zum Hals, steht still* oder *rutscht in die Hosentasche*; jemand *hat Schiss* oder etwas liegt *wie ein Stein im Magen*).

Veränderungen der Körperfunktionen unter Aktivierung und unter Entspannung

	Sympathikus	Parasympathikus
Pupille, Lidspalte	erweitert	verengt
Speichelfluss	vermindert	erhöht
Schweiß	kalt, klebrig	warm, dünnflüssig
Herzschlagfolge, Kontraktionskraft, Erregungsleitung	erhöht	langsamer, gesenkt
Durchblutung von Skelettmuskulatur, Herz, Lunge, Gehirn	stärker	schwächer
Skelettmuskulatur	angespannt	entspannt
Durchblutung von Verdauungsorganen, Haut, Genitalien, Schleimhäuten	schwächer	stärker
Gerinnungsfähigkeit des Blutes	stärker	schwächer
Fettsäuren	Freisetzung (Lypolyse)	vermindert
Blutdruck	Anstieg	Abfall
Atmung	schneller, tiefer, Bronchien erweitert	langsamer, flacher, Bronchien verengt
Beweglichkeit und Muskelspannung von Speiseröhre, Magen, Darm	vermindert	erhöht
Sekretion von Magensäure	vermindert	erhöht
Verdauung	gehemmt	angeregt
Leber	Zuckerabbau (Glukoneogenese)	gestoppt
Bauchspeicheldrüse, Insulin	gehemmt	angeregt
Nieren	gehemmt	angeregt
Gallenblase	erschlafft	zusammengezogen
Harnblase	Zurückhalten des Urins	Entleerung
Sexualorgane	Hemmung der Libido, geringere Durchblutung	Erektion, Lubrikation, Schwellung
Gesamtstoffwechsel	insgesamt angeregt, Energieverbrauch erhöht (Katabole Stoffwechsellage)	unverändert, tendenziell verlangsamt
Immunsystem	vorübergehender Anstieg von Killerzellen im Blut	
Schmerzerleben	Stressanalgesie	

Was macht also krank?

Stress per se ist nicht schädlich – im Gegenteil: Aktivierung hält uns geistig und körperlich in Bewegung, Herausforderungen sorgen für Entwicklung. Was macht dann krank? Zusammengefasst sind dies die anhaltende Missachtung körperlicher Belastungssignale, der mangelnde Verbrauch freigesetzter Energie, die Dauer von Belastungen, damit einhergehend fehlende Erholung und Schwächung der Immunabwehr und schließlich verschiedene Risikoverhaltensweisen.

Es sind nicht die kurzfristigen, oft nicht einmal dramatische Ereignisse, die letztlich unsere Gesundheit schädigen, sondern anhaltende, als Belastung erlebte, alltägliche Probleme und damit einhergehend ein Zustand kontinuierlicher Erregung, der körperlich nicht genügend abgebaut wird. Mit welchen Symptomen jeder Einzelne auf Belastungen bevorzugt reagiert, hängt von angeborenen und erworbenen Reaktionstendenzen und von Eigenschaften der Stresssituationen ab. So entwickelt jeder Mensch unter Belastung unbewusst gewisse individuelle und situationsspezifische Reaktionsvorlieben, mit denen er sich jedoch durchaus vertraut machen und die er mittelfristig beeinflussen kann.

Vielleicht hat sich der eine oder die andere von Ihnen bei der Beschreibung typischer Aktivierungssymptome (erhöhter Blutdruck, Hektik, Unterbrechung der Verdauung) schon gewundert, weil Sie in Stresssituationen womöglich gerade entgegengesetzt reagieren, nämlich mit Schwindel, abfallendem Blutdruck, Durchfall oder vermehrtem Harndrang. Offensichtlich reagieren Sie (wahrscheinlich in Zusammenhang mit biologischen, biographischen und kulturellen Faktoren) in bestimmten Situationen mit einer verlängerten parasympathischen Aktivierung, und die so genannte Schrecksekunde hört gar nicht mehr auf. In diesem Fall könnten Sie übrigens auch auf Entspannungsübungen zunächst aversiv reagieren: Ihr ohnehin schon niedriger Blutdruck fällt noch mehr, Sie kommen nach der Entspannung schwer in die Gänge. Natürlich brauchen Sie Entspannung auf jeden Fall – Sie sollten sich jedoch im Sinne eines Kneipp'schen Prinzips danach intensiv aktivieren, zum Beispiel durch Bewegung, ein paar Liegestützen, frische Luft.

Noch ein bisschen Neurobiologie*

Belastungen haben auch Veränderungen der Genaktiviät zur Folge und somit tief greifende Auswirkungen auf unsere Gesundheit. Die Gene sind ja bekanntlich die Träger unserer Erbanlagen. Hier unterscheidet man den »Text« eines Gens, der festgelegt und übrigens bei 99,9 % aller Menschen gleich ist, und die Regulation der Genaktivität. Was bisher nur wenige wissen: Nur ein ganz geringer Anteil (1–2 %) der vorkommenden Erkrankungen sind durch Veränderungen des Gentextes (so genannte Mutationen) verursacht. Die Unterschiede zwischen Menschen entstehen vielmehr dadurch, auf welche Weise und wie stark Gene aktiviert oder deaktiviert werden. Sie unterliegen also wie alle anderen körperlichen Vorgänge der ständigen Regulation durch das Zusammenspiel von Umwelt und psychischen Prozessen, besonders die Gene der Herz-Kreislauf-, Blutzucker-, Hormon-, Immun- und Stressregulation. Mit anderen Worten, der leidige Streit um Umwelt oder Gene ist eigentlich ein alter Hut, denn psychosozialer Stress oder ein bestimmter Lebensstil hat weitreichende Auswirkungen auf körperliche Vorgänge und auf die Regulation von Genen. Dies kann bei negativer Stimulierung zur Gesundheitsschädigung führen oder, unter positiv anregenden Bedingungen, zur Verbesserung der Nervenzellfunktionen und sogar zur Vermehrung und zum Wachstum von Nervenzellen.

Im Folgenden einige Beispiele zu den Auswirkungen der Stresshormone, besonders von Kortisol und Adrenalin:

Immunsystem: Kortisol bremst Entzündungs- und Immunantworten des Körpers und vermindert dadurch längerfristig die körpereigene Abwehr. Es erhöht die Anfälligkeit für Infektionen, besonders Erkältungs- und Herpesinfektionen, und blockiert einige Gene, die z. B. für die Wundheilung zuständig sind.

---

* (nach Bauer 1999)

Krankheits-, Genesungsverlauf: Erhöhtes Kortisol verhindert auch, dass sich der Körper mit einer Infektion erfolgreich auseinander setzen kann: Es unterdrückt Reaktionen des Immunsystems, die für die Heilung wichtig sind (z. B. die Fieberreaktion). Deshalb hat Stress auch einen negativen Einfluss auf Erkrankungen, die – nach heutigem Wissen – nicht direkt stressverursacht sind, bei denen jedoch entzündliche Vorgänge eine Rolle spielen oder das Immunsystem beteiligt ist (z. B. rheumatische Erkrankungen, Hautkrankheiten, Diabetes, bestimmte Tumorerkrankungen wie Brustkrebs).

Sexualität: Anhaltende Stressbelastung ist bei Männern mit Störungen des sexuellen Antriebs und der Zeugungsfähigkeit, bei Frauen mit Zyklusunregelmäßigkeiten und Minderung der Empfängnisfähigkeit verbunden.

Hirnleistung: Die Stressreaktion geht einerseits vom Gehirn aus, die Stresshormone Adrenalin und Kortisol haben aber auch rückwirkend weitreichende Auswirkungen auf Nervenzellen des Gehirns, die in direktem Zusammenhang mit Alterungsprozessen und Gedächtnisleistung stehen.

3. Entspannung ja, aber wie und was?

Im Spielzeugladen:
Ich brauche ein Geduldsspiel, aber zack, zack.

Körperliche Entspannungsreaktionen sind Voraussetzung für die Erholung unseres Organismus, und prinzipiell ist jeder in der Lage, tiefe Entspannung zu erleben. Unter chronischer Belastung und bei anhaltender Ausschüttung von Stresshormonen wie Adrenalin und Kortisol wird der Organismus jedoch dauernd aktiviert, und dabei geht das Gefühl dafür verloren, wann eigentlich Erholung notwendig ist. Irgendwann holt sich der Organismus die Erholung – durch Erschöpfung: Man ist todmüde ohne erholsamen Schlaf, Entspannung kann willentlich nicht mehr herbeigeführt werden, und im Urlaub kann es Tage oder sogar Wochen dauern, bis ein spürbarer Erholungseffekt eintritt. Wenn Sie eine Methode zur (Kurz-)Entspannung beherrschen, können Sie auf Pausensignale des Körpers willkürlich reagieren und werden Ihre Reserven nicht unmerklich bis zur Erschöpfung ausbeuten. Das trägt natürlich zum Erhalt von körperlicher und mentaler Leistungs- und Erholungskraft bei. Deshalb ist Entspannungsfähigkeit ein zentraler Baustein von Stressseminaren und Gesundheitscoaching.

Das Spektrum wirksamer Verfahren reicht von der Progressiven Muskelrelaxation (PMR), Autogenem Training (AT) oder Meditation bis hin zu bewegungsorientierten Verfahren wie Qi Gong, Tai Chi, Hatha Yoga oder die Feldenkraismethode. Auch die vorne schon in ihrer Kurzform beschriebene Reise durch den Körper oder der Body Scan (Kabat-Zinn 1999) stellen eine wirksame Möglichkeit dar, sich körperlich und mental zu erholen. Welches Verfahren Sie letztlich wählen, ist eher zweitrangig, das hängt von Ihrer Intention (Technik oder tägliche Praxis) von Ihren Vorlieben (lieber ein aktives oder lieber ein passives Verfahren) und vom geplanten Lernaufwand ab.

Im Folgenden sind einige Informationen zu Entspannungsmethoden zusammengestellt. Dass nicht alle hier besprochen werden können, stellt keine Wertung dar, sondern ist aus Platzgründen nicht möglich.

Achtsamkeitsschulung

Wenn du eine Tasse Tee richtig eingießen kannst,
vermagst du alles zu tun.

Gurdjieff

Achtsamkeit als Meditationspraxis stammt aus der buddhistischen Tradition und ist über 2000 Jahre alt. In den letzten Jahren findet Achtsamkeitstraining zunehmend Eingang in westliche Therapiemethoden für ein breites Spektrum von Erkrankungen wie Herzleiden, chronische Schmerzen und stressbedingte körperliche und psychische Beschwerden. Die Besonderheit dieser Praxis ist es, dass Körperempfindungen, Gedanken, Gefühle und äußere Störungen eben nicht ausgeschaltet werden sollen, sondern sogar ganz im Mittelpunkt der Aufmerksamkeit stehen. Es wird also alles beachtet, was jetzt gerade da ist, ohne es jedoch zu beurteilen oder bewerten zu wollen. Das klingt leichter, als es ist, und erfordert immer neue Bereitschaft und Disziplin. Interessanterweise führt eine solche umfassende Wahrnehmung zu einem paradoxen Effekt, nämlich dass man mehr Abstand zu den Dingen erhält, sie besser akzeptieren und ihnen mit mehr Klarheit, Gleichmut und Besonnenheit begegnen kann.

Mögliche Formen von Achtsamkeitsschulung sind zum Beispiel:

Körperliches Achtsamkeitstraining, z. B. Sensory Awareness, Reise durch den Körper (Brooks 1991), Body Scan (Kabat-Zinn 1999). Bei diesen Übungsformen wandert man mit der Aufmerksamkeit systematisch durch den Körper und nimmt dabei alle Empfindungen und Veränderungen wahr. In Verbindung mit bewusstem Atmen kann dadurch tiefe Entspannung und Spannungsabbau erreicht werden. Für einen Selbstversuch finden Sie weiter vorne in diesem Buch eine Anleitung, Sie können es aber auch mit einer geführten Übung auf CD (Kabat-Zinn 1999) versuchen. Wenn Sie einen Entspannungskurs besuchen, fragen Sie den Kursleiter, ob er die Schulung von Achtsamkeit in seine Übungen integriert.

Meditation; Hatha Yoga: Die Sitzmeditation kennen Sie zumindest von der Figur des sitzenden Buddha. Hatha Yoga besteht aus einer Kombination von Körperhaltungen und Atemübungen, die sowohl entspannen als auch kräftigen sollen. Eine nähere Beschreibung beider Methoden geht über den Rahmen dieses Buches hinaus. Sie können sich jedoch bei Ihren örtlichen Volkshochschulen und Seminaranbietern informieren.

Achtsamkeit als Haltung im Alltag: Wer Achtsamkeit im Rahmen einer formellen Praxis übt, wird auch im Alltag zunehmend achtsam mit sich und anderen sein. Auch ohne diese Praxis ist tägliches Üben möglich, geht es doch lediglich darum, das bewusst und wach zu tun, was Sie ohnehin tun: essen, duschen, arbeiten, streiten oder mit den Kindern spielen. Dazu bedarf es jedoch immer wieder eines aktiven Entschlusses und einer gewissen Disziplin, um nicht unwillkürlich in den alten Trott zu fallen und die Dinge zu bewerten und zu überstürzen. Deshalb ist es nachvollziehbar, wenn sich an Achtsamkeitsschulung Interessierte für erste Erfahrungen eine Auszeit in einem Kloster oder in einem themenbezogenen »stationär« durchgeführten Seminar gönnen. Konsequent beibehalten wird Achtsamkeit langfristig Ihre Sicht auf und die Haltung zu den Dingen ändern und letztlich zu einer Veränderung des Lebensstils führen. Sie werden aufmerksamer, konzentrierter und präsenter für Ihre Umgebung sein und sich von den Dingen des Alltags weniger beeindrucken lassen.

Ziel bekannter Entspannungsmethoden wie Progressive Muskelrelaxation (PMR) und Autogenes Training (AT) ist es, bei Bedarf – also willkürlich und relativ schnell – eine zuverlässige Entspannungsreaktion herbeiführen zu können. Einmal gelernt sind diese Methoden ebenfalls einfach in den Alltag zu integrieren.

Progressive Muskelrelaxation (PMR)
ist die wahrscheinlich am besten untersuchte und am weitesten verbreitete Entspannungstechnik. Sie wurde von Edmund Jacobson in den USA schon in den 30er-Jahren entwickelt und gilt dort als Standardverfahren zur Entspannung. Die Entspannung einzelner Muskelgruppen wird hier fortlaufend dadurch geübt, dass diese vorher angespannt werden (aktive Entspannung). Dies erscheint zunächst vielleicht verwunderlich, kann jedoch am besten mit der Funktionsweise eines Pendels verdeutlicht werden: Wird dieses zunächst in eine Richtung gezogen, setzt beim Loslassen eine entsprechend starke Gegenbewegung ein. Nach diesem Prinzip wird durch muskuläre Anspannung die nachfolgende Entspannung deutlicher empfunden. Mit fortlaufender Übung werden Sie es im Alltag immer öfter spüren, wenn Sie einen Muskel unwillkürlich angespannt haben, und können dann jeweils loslassen (differenzielle Entspannung). Diese Ver-

gegenwärtigung und das bewusste Loslassen bestimmter Muskelgruppen reicht dann als situative Entspannung aus.

Ein wichtiger Bestandteil des Verfahrens ist also die Wiederherstellung des so genannten Muskelsinns als Vermögen, Muskelkraft ökonomisch und sinnvoll einzusetzen, minimale dysfunktionale Verspannungen wahrzunehmen und diesen durch spezifisches Loslassen entgegenzuwirken. PMR ist unter fachlicher Anleitung in relativ kurzer Zeit (ca. sechs Sitzungen) erlernbar. Der Übungsaufwand wurde bei verschiedenen Anbietern im Lauf der Zeit aus pragmatischen Gründen jedoch immer kürzer und »technischer«, und manche der unter diesem Namen verbreiteten Kurzversionen haben leider nichts mehr mit den Intentionen des Urhebers gemein. Das lediglich technische Erlernen einer Entspannungsmethode impliziert nämlich nicht automatisch, dass der Anwender auch merkt, wann er verspannt ist und wann er also die Entspannung einsetzen sollte. Deshalb sollten Sie auf eine fachlich kompetente Kursleitung achten. Ein PMR-Kurs ist sinnvoll, wenn die Übungen mit Hinweisen zur genaueren Wahrnehmung der jeweiligen Körperteile erklärt und genau gezeigt werden.

Autogenes Training (AT)

Das Autogene Training wurde in den 20er-Jahren von Johannes H. Schultz entwickelt. Eine so genannte organismische Umschaltung in Richtung Entspannung wird hier dadurch erreicht, dass man sich mit Hilfe bestimmter Vorsatzformeln auf Empfindungen und Veränderungen körperlicher Vorgänge konzentriert. In der Grundstufe sind dies zunächst die Empfindungen von Schwere und Wärme in Armen und Beinen. Diese Empfindungen sind nicht eingebildet, sondern entsprechen auch physiologischen Veränderungen: Schweregefühl geht in der Regel mit Muskelentspannung, Wärme mit einer Gefäßentspannung einher. Im weiteren Übungsverlauf wird die Aufmerksamkeit auch auf Organe (Herz und Bauchorgane), auf die Atmung und auf die Stirn gerichtet. Dies sind schon zwei wesentliche Unterschiede zum PMR: Der Fokus der Aufmerksamkeit ist nicht auf einzelne

Muskeln beschränkt, sondern bezieht sich auch auf eine positive Beeinflussung vegetativer Vorgänge, zum Beispiel im Sinne einer Herz- und Atemregulierung. Die Übungsart ist körperlich passiv. Die Ziele der Oberstufe des Autogenen Trainings gehen weit über körperliche und mentale Entspannung hinaus und stellen eine eigenständige, tiefenpsychologische Methode zur Selbsterfahrung und Persönlichkeitsentwicklung dar.

Die Wahl des passenden Verfahrens ist Geschmackssache, und der Erfolg hängt meines Erachtens von der Qualität eines Kursleiters oder Beraters ab und wie überzeugend das Verfahren vermittelt wird. PMR ist wahrscheinlich besser geeignet für Personen, denen »Stillhalten« schwer fällt und die über die konkret sichtbare Anspannung der Muskeln einen eher technischen, pragmatischen, nachvollziehbaren Zugang zu Entspannung wünschen. Für Autogenes Training und Meditation entscheiden sich oft Personen, die sich mehr Zeit zum Üben einräumen wollen, die schon eine gewisse Entspannungspraxis haben und die an weitergehenden Erfahrungen interessiert sind.

Sorry, schon wieder: Es gibt nichts Gutes …

Leider kann ich Ihnen bei allen Verfahren zwei wesentliche Voraussetzungen für den Erfolg nicht ersparen:

- Entspannung lässt sich nicht erzwingen: Entspannungsfähigkeit unter Leistungsdruck erreichen zu wollen, ist ein Widerspruch in sich. Sie brauchen eine gewisse Zeit, um ein Verfahren zu lernen.
- Übung ist Voraussetzung für Erfolg: Wie bei vielen anderen Fertigkeiten (Schwimmen, Schreibmaschine schreiben, Reiten etc.) wird auch situationsbezogene Entspannung dann beherrscht, wenn sie richtig gelernt wurde. Deshalb ist zumindest während der Lernphase regelmäßiges Üben empfehlenswert.

Nach diesem Hohen Lied aufs Üben folgen nun ganz pragmatisch einige direkt umsetzbare Informationen und Hinweise für

Bildschirmarbeiter, die ja ihre Augen besonders einseitig belasten und diesbezüglich für regelmäßige Erholung sorgen sollten.

Besondere Entspannungsformen für Bildschirmarbeiter

Als meine Augen alles gesehen hatten,
kehrten sie zurück zur weißen Chrysantheme.

Matsuo Basho

Ergebnisse arbeitsmedizinischer Studien weisen eindeutig nach, dass bei regelmäßigen einseitigen Bildschirmtätigkeiten schon nach zwei Stunden pausenlosen Arbeitens Beschwerden und Beeinträchtigungen der Augen (Ermüdung, Sehschärfeminderung, Farbsinnstörungen, Akkommodations- und Adaptationsstörungen) auftreten.

Sehvermögen und Sehen ist ein komplexer, ganzheitlicher Vorgang, an dem muskuläre, gedankliche und gefühlsmäßige Aspekte beteiligt sind. Beim normalen Sehen schweift das Auge frei umher und wird ausgewogen hinsichtlich Akkommodation (Anpassung auf unterschiedliche Entfernungen) und Adaptation (Anpassung an unterschiedliche Helligkeitsgrade) gefordert. Allerdings versuchen wir schon bei Unsicherheiten in der Körperbalance, uns mit den Augen an der Umgebung »festzuhalten«, und beanspruchen unser visuelles System mehr als nötig. Wenn Sie die Bedeutung visueller Kontrolle für Ihre Körperbalance testen wollen, machen Sie folgende einfache Übung.

Körperbalance — Übung

Stellen Sie sich auf den Boden, mit beiden Beinen gut ausbalanciert, und schließen Sie die Augen. Achten Sie darauf, wie Sie am besten stehen. Ziehen Sie dann mit geschlossenen Augen ein Bein an und stellen Sie es, wenn möglich, seitlich ans Knie des zweiten Beines. Versuchen Sie, in dieser Haltung ruhig auf einem Bein zu stehen.

Außer der ohnehin schon starken Leistungsanforderungen an unser visuelles System beeinflussen Verspannungen des Körpers zusätzlich und in vielfältiger Weise das Sehen. Sie können zum Beispiel im Kiefer den Nervus oculomotoris, der für die Augenbeweglichkeit mitverantwortlich ist und in den Nackenmuskeln die Durchblutung des gesamten Sehorganismus, beeinträchtigen. Nun finden Entspannungstechniken allmählich Eingang auch in die Augenheilkunde, und erste Ergebnisse über ihre Wirksamkeit liegen vor (z. B. über signifikante Senkung der intraokularen Druckwerte bei Glaukom, Kaluza und Strempel 1994). Für die oben genannten Probleme gibt es im PMR spezielle Übungen für Nacken und Gesicht. Auf ergonomische Vorkehrungen kann in diesem Rahmen nur mit Literaturangaben hingewiesen werden (Neuhaus 2002; Landau 2003; Kubitschek und Kirchner 2005).

Der Arbeitgeber ist jedenfalls gesetzlich verpflichtet, die Tätigkeit am Bildschirm so zu organisieren, dass sie regelmäßig durch andere Tätigkeiten oder durch Pausen unterbrochen wird (Bildschirmarbeitsverordnung). Die Verantwortung für die Durchführung solcher belastungsreduzierender Maßnahmen liegt natürlich letztlich beim Ausführenden selbst. Als Faustregel gilt: Nach einer Stunde Arbeitszeit am Bildschirm ist eine Arbeitsunterbrechung bzw. Verlagerung der Aufmerksamkeit von 5–10 Minuten Pause sinnvoll. Solche regelmäßigen kurzen Pausen haben mehr Erholungswert als wenige lange.

Zum Abschluss dieses Themas hier noch eine kleine Übung, die jederzeit zur Entspannung der Augen und zur kurzfristigen Regeneration der Netzhaut eingesetzt werden kann.

Übung **Palmieren**

Nachdem Sie nun einiges über die Entspannung der Augen gelesen haben, reiben Sie die Hände, bis sie warm sind, und lassen Sie den Kopf in die muschelartig geformten Hände hineinsinken. Schließen Sie die Augen und verdecken Sie die Augäpfel, ohne dass die Augen-

lider von den Handflächen berührt werden. Atmen Sie ruhig weiter und lassen Sie alle Muskeln in Gesicht, Schultern und Händen ganz locker. Genießen Sie die Dunkelheit, und wenn Sie diesen Effekt noch verstärken wollen, stellen Sie sich die Farbe »Schwarz« oder einen schwarzen Gegenstand vor… Achten Sie darauf, wie Sie beim Ausatmen noch etwas mehr entspannen können…
Um die Übung zu beenden, nehmen Sie langsam die Hände herunter und öffnen behutsam die Augen.

Verwechseln Sie Antriebslosigkeit nicht mit Entspannung!

Belastungssymptome bringen wir meistens mit einem »Zuviel« in Zusammenhang: zu viel Arbeit, zu viel Zeitdruck, zu viel Anstrengung. Sie können aber auch aus einem »Zuwenig« heraus entstehen, z. B. wenn Sie stereotype oder wenig anspruchsvolle Tätigkeiten verrichten oder an langweiligen Sitzungen teilnehmen müssen, aufgrund mangelnder Bewegung oder zu langsamem Arbeitstempo. In solchen Fällen sind Aktivitäten zur Energetisierung, Aktivierung und bessere Sauerstoffversorgung hilfreicher als Schonung und Antriebslosigkeit – gähnen wie ein Löwe ist übrigens nicht die schlechteste Art, um an Sauerstoff zu kommen.

4. Zusammenfassung und Konsequenzen

Stressbedingte, körperliche Aktivierung hat komplexe Auswirkungen im Organismus. Sowohl allgemeine körperliche als auch genetische Veränderungen gehen bei Rückgang der Belastung in den meisten Fällen wieder zurück. Bleibt die Belastung aber über einen längeren Zeitraum bestehen oder tritt sie immer wieder auf, kann es zu anhaltenden gesundheitlichen Beeinträchtigungen kommen. Die meisten sog. Zivilisationserkrankungen entstehen in Zusammenhang mit solchen körperlichen Regulierungsstörungen, die mit Belastungserleben, unvollständiger Gegensteuerung und mit unserem Lebensstil zusammenhängen. Was sind die Konsequenzen für die Praxis?

- Wesentlich für Gesundheit ist die **Wahrnehmung von körperlichen Stress- und Entspannungssignalen**, um überhaupt gegensteuern zu können.
- Bei sorgfältiger **Führung des Energiehaushalts** werden die Reserven nie voll verbraucht, sondern durch Entspannung und Erholung rechtzeitig aufgefüllt. Das klingt einfacher, als es ist, bedeutet es doch: Bei Anzeichen von Erschöpfung oder Überforderung wird rechtzeitig mit Pause, Entspannung oder Erholung reagiert, bei Müdigkeit oder Langeweile mit Aktivierung und Bewegung.
- Der Körper reagiert auf Anforderungen durch die Bereitstellung von Energien. Diese sollten dann auch **körperlich umgesetzt bzw. abreagiert** werden. Sowohl die Gewohnheit mancher Zeitgenossen, bei Ärger oder nach einem anstrengenden Arbeitstag erst einmal »um den Block« zu gehen, als auch der Verzicht auf den Fahrstuhl ins 8. Stockwerk stellen eine durchaus funktionale Möglichkeit des Spannungsabbaus dar, wohl wissend, dass ein Problem dadurch natürlich nicht gelöst ist. Die bekannten Appelle für mehr Bewegung sind jedoch stressphysiologisch begründbar. Um eine positive Wirkung zu erzielen, reicht es schon, wenn ca. 1500 Kalorien pro Woche extra verbrannt werden, das entspricht zum Beispiel drei Mal 30 Minuten leichtem Joggen oder dreimal 1000 m Schwimmen (Ernst 2005). Besonders für Menschen unter innerem und äußerem Daueralarm ist das Angewöhnen **neuer, kontinuierlicher Bewegungsgewohnheiten** wie abendliche Spaziergänge, Gartenarbeit oder die konsequente Nutzung des Fahrrads wahrscheinlich nachhaltiger und alltagstauglicher als kurzfristige, gewalttätige Fitnessaktionen.
- Wir sind die bestinformierten Menschen, die je gelebt haben. Von unserer biologischen und psychischen Grundausstattung her gesehen, sind wir von den theoretischen Möglichkeiten

der Informations- und Mediengesellschaft und von der Informationsflut komplett überfordert. Verschlechterung von Sehfähigkeit, Aufmerksamkeit und Gedächtnis sind die Folge, das Aufmerksamkeitsdefizit-Syndrom wird das typische Gehirnsyndrom des Informationszeitalters (Wired). Hier wird auf Dauer nur eine Umkehr der bisherigen Entwicklungen helfen: **Reduktion,** am besten auf das Wesentliche, Selbstbeschränkung hinsichtlich der Angebote unserer Medien und Informationsindustrie und: **Pausen vom Informationssmog.**

- Die Fähigkeit, sich in Anspannungssituationen zumindest körperlich relativ schnell »abzuregen« bzw. zu erholen, stellt zur körperlichen Abreaktion keine Alternative, sondern eine zusätzliche Notwendigkeit dar. **(Kurz-)Entspannungstechniken** sind hier wirkungsvoll und alltagstauglich, die Schulung der Achtsamkeit ist ein lebenslanges, spannendes Projekt.

V Die Gedanken sind immer dabei

Nicht die Dinge selbst beunruhigen die Menschen, sondern die Vorstellungen von den Dingen, sagte der griechische Philosoph Epiktet bereits im ersten Jahrhundert vor Christus. Wir hingegen sagen meistens, es sind die »Dinge«, die anderen, sprich unsere Umwelt, die uns beunruhigen. Aber schon unsere Sprache verrät: Ich mache mir Gedanken, ich zerbreche mir den Kopf. Stress findet also im Kopf statt – und darum geht es in diesem Kapitel.

Überblick

Innere Antreiber als Auslöser für selbst gemachten Stress
Übung: Was sind Ihre inneren Antreiber?

4. Zusammenfassung und Konsequenzen

1. Zuwendung und Wahrnehmung: Die Gedanken sind immer dabei

Wie in jedem Kapitel geht es auch hier nicht sofort darum, störende Aspekte (z. B. Geräusche oder Gedanken) loszuwerden, sondern im Gegenteil: Sie sollen lediglich ganz bewusst wahrgenommen und registriert werden. Vielleicht haben Sie erst einmal wenig Verständnis dafür, dass Sie sich inneren und äußeren (Stör-)Reizen zuwenden sollen. Auch in Entspannungskursen wird immer wieder als Ziel genannt, »nichts mehr zu denken oder zu spüren« oder bestimmte Außenreize nicht mehr wahrzunehmen. Dies ist jedoch eine unrealistische Erwartung, da wir weder unseren Kopf noch äußere Störquellen einfach ausschalten können. Wenn Sie sich über den Lärm draußen, Ihre Konzentrationsstörungen und die kreisenden Gedanken im Kopf aufregen, wird die Situation dadurch in der Regel eher schlimmer. Sie können jedoch mit spontan störenden Phänomenen, die nicht unmittelbar beeinflussbar sind (Geräusche, Warteschlange, Stehen im Stau etc.), viel besser klarkommen, wenn Sie sich innerlich darauf einstellen und gleichzeitig körperlich entspannen. Mit diesem Annehmen und Akzeptieren der Realität sind meistens schon eine Distanzierung und Entlastung verbunden. Menschen, die neben einem Kirchturm oder an Bahngleisen wohnen, wissen davon zu berichten.

Fallbeispiel

Hierzu ein Beispiel:

Vielleicht können Sie sich die Situation vorstellen oder haben Ähnliches sogar selbst erlebt. Sie übernachten an einem Ort mit störender Geräuschkulisse, die Sie nicht beseitigen können, ein tropfender Wasserhahn im Zimmer, ein tobender Sturm oder ein Fest auf der Straße – kurzum, Sie quälen sich schlaflos durch die Nacht. Sie wälzen sich hin und her und ziehen das Kissen oder die Decke über den Kopf und werden nur noch wacher dabei …

Und vielleicht wäre es den Versuch wert, sich bequem hinzusetzen oder hinzulegen und ganz bewusst auf das Tropfen, die Windböen oder die Stimmen zu achten …, oder auf das, was sonst noch, jetzt in diesem Moment, da ist, diesen ganz eigenen Ton und diesen ganz eigenen Rhythmus …, und dabei die Erfahrung machen, dass du dich trotzdem dabei körperlich entspannen kannst und dass früher oder später die Gedanken dann ganz von allein weg und die Augen ganz von allein zugehen.

Wahrscheinlich gab es jetzt, als Sie das lasen, auch in Ihrer direkten Umgebung innen oder draußen Geräusche, die Ihnen erst jetzt wieder auffallen, weil Ihre Aufmerksamkeit auf den Text fokussiert war. Die folgende Wahrnehmungsübung können Sie jederzeit ausprobieren, wo immer Sie an diese Übung denken und Gelegenheit haben, einige Minuten zu sitzen und womöglich sogar die Augen zu schließen (im Zug, am Schreibtisch, auf der Couch).

Übung

Wahrnehmungsübung »Geräusche«

Achte einfach nur auf alle Geräusche, die du jetzt, in diesen Augenblicken, gerade in deiner direkten und weiteren Umgebung wahrnimmst. Das können in einem Raum das Ticken der Uhr, Geräusche der Heizung, vielleicht eigene Atemgeräusche, die Schritte vor der Tür sein, vielleicht auch Geräusche von draußen …, das Lauterwerden eines nahenden Autos, … das wieder Leiserwerden, Stimmen auf der Straße, Vogelgezwitscher …

Wahrscheinlich werden deine Gedanken immer wieder abschweifen, dann kehre mit deiner Aufmerksamkeit einfach wieder zu den Geräuschen zurück – und gehe irgendwann in Gedanken einfach dahin, wo es dir am angenehmsten ist…
Und das ist das Gemeinsame an Körperempfindungen, Gedanken, Geräuschen: Ein ständiges Kommen und Gehen, Lauter- und Leiserwerden,… und nichts dich zu stören braucht…

Auch gegenüber situativen, negativen Empfindungen und Gedanken kann eine Toleranz für das momentane Erleben entwickelt werden, und das heißt nicht, dass ich Sie die Gegebenheiten gutheißen. Es geht lediglich darum, die Ist-Soll-Differenz einer Situation nicht sofort ändern zu wollen, sondern die Dinge erst einmal geschehen und eventuell auch wieder loszulassen. Leider brechen viele Menschen einen Entspannungskurs ab, weil sie es nicht schaffen, bei der Sache zu bleiben oder weil ihnen so viel im Kopf herumgeht und sie deshalb nicht üben können. Das ist schade und ein Missverständnis. Der Mensch denkt nie nichts, und das ist auch nicht das Ziel von Entspannung – wie es auch nicht wünschenswert ist, nichts zu spüren oder zu fühlen. Viele Probleme werden dadurch sogar noch verstärkt, dass sie nicht sein dürfen, dass sie umgehend und sofort abgestellt werden sollen. Das folgende Experiment funktioniert genauso wie die Übung Geräusche, nur dass Sie sich dieses Mal hauptsächlich Ihren Gedanken zuwenden.

Wahrnehmungsübung »Gedanken« — Übung

Setze dich bequem zurecht, wie du es schon kennst. Achte darauf, dass du wirklich bequem sitzt. Wahrscheinlich hast du sowieso deine ganz eigene Art, etwas zur Ruhe zu kommen. Ich weiß natürlich nicht, woran du als Erstes merken wirst, dass du dich entspannen kannst. Manche merken das an einem leichten Gefühl der Schwere in den Armen und Beinen, andere an der Atmung, die ruhiger wird,

und manche können beim Ausatmen noch ein wenig mehr loslassen…
Und dann wende dich mit deiner Aufmerksamkeit einfach deinen Gedanken zu.
Manchen ist dabei die Vorstellung hilfreich, im Freien zu sitzen, an einem schönen, sonnigen Tag. Du hast dir einen Platz gewählt, dort und so, wie du es am liebsten hast. Vielleicht sitzt du mitten in der Sonne, vielleicht eher irgendwo im Halbschatten, so jedenfalls, dass du die Wärme für dich angenehm spürst…
Und irgendwann merkst du, wie Wolken die Sonne verdecken, und es tut gut zu wissen, sie werden weiterziehen,… und die Gedanken genauso vorbeiziehen lassen wie Wolken am Himmel. Manche bleiben etwas länger, manche ziehen einfach so vorbei, ein ständiges Kommen und Gehen, und nichts dich zu stören braucht. Und es gut ist zu wissen, dass du bei allem, was dir durch den Kopf geht, gleichzeitig angenehm körperlich entspannen kannst,
und mit den Gedanken dahin gehen, wo es dir am angenehmsten ist.

Die obigen Beispiele beziehen sich auf Situationen, in denen wir uns unnötig hineinsteigern. Genauso häufig kommt es vor, dass wir beunruhigende oder lästige Gedanken vermeiden oder verharmlosen. Das ist zum Beispiel der Fall, wenn wir etwas vor uns her schieben, wenn wir uns vor einer unangenehmen Aussprache oder einem Termin drücken. Auf der körperlichen Ebene hat das zunächst sogar einen positiven Effekt – zumindest, solange der Stressor noch zeitlich weit entfernt oder nicht zu wichtig ist. In vielen Fällen gelingt die Ablenkung jedoch nicht vollständig, und spätestens, wenn die Zeit knapp wird, schlägt das innere und äußere Ausweichen in distanzloses Übersteigern um. Ein Beispiel: der Student, der bisher nicht gelernt hat und wenige Tage vor der Prüfung so panisch wird, dass er sich gar nicht mehr konzentrieren kann. Auch hier ist die Empfehlung: Tun Sie doch das bewusst, was Sie unwillkürlich sowieso tun! Um sich zu vergegenwärtigen, welche Gedanken als »Hintergrundmusik« Ihre alltäglichen Verrichtungen begleiten, unterbrechen Sie für wenige Momente Ihre aktuellen Handlungen, halten Sie inne und wenden Sie Ihre Aufmerksamkeit diesen Gedanken zu. Dazu ist wieder einmal am besten die Selbstbeobachtungsübung geeignet.

Selbstbeobachtung »Gedanken« — Übung

Führen Sie sich eine typische Stresssituation der letzten Tage noch einmal deutlich vor Augen und notieren Sie die Situation erst einmal in Stichworten.

Situation: ____________________

____

____

____

____

Denken Sie daran, dass Sie im Folgenden konkret und bei diesem Beispiel bleiben. Notieren Sie, welche Gedanken und Vorstellungen Ihnen in dieser Situation durch den Kopf gegangen sind und jetzt wieder gehen.

Was hat Sie aufgebracht/aufgewühlt/belastet? Was haben Sie innerlich gesagt?

Schreiben Sie diese Gedanken »blank« und genau so auf, wie sie auftreten.

Gedanken: ____________________

____

____

____

____

____

Anmerkungen zur Übung:
Die Anregung für den Alltag lautet: Machen Sie sich Ihren Ärger, Ihre Befürchtungen und Einschätzungen bewusst. Manche haben gute Erfahrungen damit gemacht, sich in kritischen Situationen ein paar Minuten Zeit zu nehmen und sich von der Seele zu schreiben, was ihnen durch den Kopf geht, ungeschminkt und ohne Zensur. Manchmal kühlt man schon beim Schreiben etwas ab. Dieses so genannte vigilante Denken, das auf Konfrontation mit der Belastung gerichtet ist, hat zumindest langfristig gesehen mehr Erfolg als Ablenkung, Vermeidung oder Verharmlosung.

So weit zu dem, was da ist – aber:

2. Wollen Sie Ihre Gedanken überhaupt verändern?

Weißt du, wie man Biber fängt?

Der Biber geht jeden Tag seinen Weg vom Bau zum Wasser und wieder zurück vom Wasser zum Bau. Tag für Tag, und er weicht nie von seinem Weg ab. Auf diesem Weg brauchst du nur eine Falle aufzustellen. Der Biber wird die Falle sehen und er wird sagen: Hier steht eine Falle, aber ich gehe meinen Weg.

Oder bestehen Sie lieber darauf, dass Ihre Sicht der Dinge die wahre und richtige ist und dass die einzige Möglichkeit, wie es Ihnen besser gehen könnte, die ist, dass sich die anderen oder die Situation verändert? Dann brauchen Sie nicht weiterzulesen. Im Folgenden werden nämlich einige Selbstversuche vorgeschlagen, wie durch einen neuen **Blickwinkel** die Dinge manchmal in einem anderen Licht erscheinen können. Dies erfordert allerdings die Bereitschaft, die eigene, gewohnte Sicht auf die Situation zumindest vorübergehend aufzugeben. Ausgangsüberlegung der Übungen ist, dass es *die Wirklichkeit* und eine einzig richtige Sichtweise auf die Dinge nicht gibt, sondern dass jedes

Individuum einen ganz persönlichen Blickwinkel auf Geschehnisse hat – abhängig von seinem gegenwärtigen Befinden, seinem speziellen Wahrnehmungsausschnitt, seinen Denkmustern und Vorerfahrungen. Ob zum Beispiel ein Glas Wasser halb voll oder halb leer ist, hat nichts mit richtiger Wahrnehmung zu tun, sondern damit, ob wir das Glas eher aus einer positiven oder negativen Grundstimmung heraus betrachten. Gelangt man von dieser eher negativen zur positiven Sicht oder umgekehrt, hat eine Umdeutung stattgefunden. Die Fähigkeit zu solchen Umdeutungen (**reframing,** engl. frame = Rahmen) ermöglicht es Ihnen, negativ eingeschätzte Ereignisse oder Verhaltensweisen und Eigenschaften von anderen aus einem anderen Blickwinkel zu sehen, und kann sehr hilfreich sein, sich nicht so sehr in Probleme hineinzusteigern. Die folgende Übung kann verdeutlichen, welchen hohen Stellenwert die persönliche Wahrnehmung für die erlebte Wirklichkeit hat.

Problem- und Lösungsdusche **Übung**

Um klar zu sehen, genügt oft ein Wechsel der Blickrichtung.

Antoine de Saint-Exupéry

Schildern Sie in zwei bis drei Sätzen eines Ihrer aktuellen Probleme.

____

____

____

____

Beschreiben Sie in Videotechnik eine oder mehrere typische Situationen, in denen sich das Problem äußert.

____

____

____

____

Sammeln Sie nun Gedanken oder Selbstgespräche, mit denen Sie diese Situation verschlimmern, dramatisieren, ja katastrophal machen könnten. Nennen Sie hemmungslos möglichst kreative, aber negative Gedanken, die dazu beitragen könnten, dass die Situation eskaliert oder desolat und schrecklich endet. Dabei ist jede Art der Übertreibung erlaubt.

____

____

____

____

Könnte es in dieser Situation auch andere, hilfreiche Gedanken geben, mit denen die Situation einfacher zu bewältigen wäre? Sammeln Sie nun mögliche Gedanken, wie sich die Sicht auf das Problem positiv verändern könnte. Geben Sie sich eine »Lösungsdusche«.

____

____

____

____

Anmerkungen:

Bei dieser Übung haben Sie Ideen zur Problemerzeugung und zur Problembewältigung durchgespielt. Dabei ging es nicht um eine Veränderung der Situation selbst, sondern um ein Bewusstmachen, wie wir Probleme sehr wohl erzeugen, aufrechterhalten, verschlimmern oder eben relativieren können.

Vielleicht sind Sie erst einmal skeptisch gegenüber dem Vorschlag, Ideen zur Verschlimmerung von Problemen zu produzieren. Erfahrungsgemäß kann es jedoch auch Spaß machen, absurde, komische, gemeine und destruktive Phantasien ohne Zensur loszuwerden und sich dabei zu ertappen, wie nah die eigenen Katastrophengedanken dieser bewusst übertriebenen Problembeschreibung sind.

Nehmen Sie doch einfach an, unsere Gedanken seien lediglich Hypothesen und Vorstellungen über die Welt, und fragen Sie sich öfter: Wie realitätsnah, hilfreich, logisch sind sie eigentlich?

Probleme verfestigen sich vor allem dann, wenn es keine Alternative mehr zu geben scheint. Bei der folgenden Übung können Sie herausfinden, ob bestimmte Sichtweisen auf einen Sachverhalt durch Perspektivenwechsel aufgeweicht, die emotionale Beteiligung relativiert und neue Ideen kreiert werden können. Die Fragen haben das Ziel, mehr Distanz zu einem Problem zu ermöglichen und die Aufmerksamkeit auch auf Ressourcen und Entwicklungsmöglichkeiten zu lenken. Bitte beachten Sie unbedingt, dass diese Übung nicht auf jede beliebige Belastungssituation anwendbar ist. In aktuellen Krisen (Krankheit, Tod, Trennung) oder anhaltenden Konflikten ist es mit einem anderen Blick auf die Dinge nicht getan, hier kann der Einsatz solcher lösungsorientierter Fragen sogar deplatziert sein. Letztlich zeigt nur der Selbstversuch, ob und in welcher Situation diese Strategie für Sie hilfreich sein kann. Probieren Sie es einfach aus!

Jonglieren mit Perspektiven — Übung

Notieren Sie in Stichworten ein Problem, das Sie mit dieser Übung bearbeiten wollen.

____

____

____

Wie immer ist es hilfreich, wenn Sie sich eine oder zwei typische Situationen vor Augen führen, in denen sich dieses Problem äußert, und diese ebenfalls in Stichworten notieren.

____

____

____

Im Folgenden werden zu Ihrer Stresssituation einige Fragen gestellt. Bitte notieren Sie Ihre Antworten ebenfalls in Stichworten.

Was wäre jetzt, in dieser Situation, noch schlimmer?

Wie wirst du selbst im Nachhinein, mit zeitlichem Abstand, darüber denken?

Hast du schon einmal eine ähnliche/schwierige Situation bewältigt und wie hast du das gemacht?

Kannst du an dieser Situation auch etwas Positives sehen?

Woran würdest du jemand anderen erinnern, der in diese Situation gerät?

Was würde jemand sagen oder tun, den du in dieser Hinsicht für sehr kreativ hältst und den du sehr schätzt?

Gibt es etwas ganz anderes, das dir wichtig ist und das dir Sicherheit verleihen kann?

Anmerkungen:

Vielleicht war ja die eine oder andere Frage hilfreich, Ihre Problemsituation mit anderen Augen zu sehen. Von Stressbewältigungsgruppen weiß ich, dass diese Übung je nach Problemsituation individuell ganz unterschiedlich geschätzt wird. Einige sind begeistert und entlastet, andere entrüstet, weil sie die Schwere ihres Problems nicht gewürdigt finden. Nicht selten werden diese Fragen auch mit den weit verbreiteten Ratschlägen zum »Positiven Denken« verwechselt. Ich gehe jedoch nicht davon aus, dass Probleme mit den »richtigen« Gedanken schon lösbar seien und dass die ausschließliche Beschäftigung mit den positiven Aspekten einer Situation uns über diese Situation schon hinweghilft. Der Versuch, alles rosig darzustellen oder kritiklos »positiv« zu denken, wäre bei bestimmten Problemen nicht nur unangemessen, sondern auch taktlos. Aber bei Alltagsproblemen kann die Fähigkeit zum Perspektivenwechsel nützlich und sehr hilfreich sein. Manchmal kann es sogar gelingen, aus einem scheinbaren Elefanten eine reale Mücke zu machen und situativ die negativen Auswirkungen eines uns ohne Zweifel belastenden Ereignisses zu relativieren.

Die folgende Übung ist dazu geeignet, eine Konfliktsituation mit einer Person aus dem privaten oder beruflichen Leben von verschiedenen Seiten zu beleuchten:

Die beiden Seiten der Medaille — Übung

Probleme kann man niemals mit der gleichen Denkweise lösen, durch die sie entstanden sind.

Albert Einstein

Wähle eine Person aus deiner beruflichen oder privaten Umgebung aus, mit der die Beziehung derzeit problematisch ist oder mit der du womöglich sogar einen Konflikt hast.

____

____

Was genau an dieser Person ist für dich problematisch?

____

____

____

____

Was an eurer Beziehung ist unproblematisch?

____

____

____

____

Wie würde diese Person dich und ihre Beziehung zu dir beschreiben?

____

____

____

____

Was fände diese Person an dir problematisch?

____

____

____

____

Wofür ist das, was da läuft, wichtig, wofür ist es unwichtig?

____

____

____

____

Was könntest du selbst tun, um das Problem zu verschlimmern, und was könntest du selbst tun, um das Problem zu verbessern oder gar zu lösen?

____

____

____

Was spricht für eine Veränderung, was dagegen?

____

____

____

____

Wie geht es dir jetzt, nachdem du dir diese Gedanken gemacht hast?

____

____

____

____

Probleme aus unterschiedlichen Perspektiven zu betrachten und dadurch die eigenen Gefühle zu relativieren, braucht auch im Alltag etwas Zeit. Die haben wir aber nicht immer:

Was aber tun, wenn's »brennt?«

Manche von Ihnen haben vielleicht Arbeitsbedingungen mit plötzlich und unerwartet auftretenden Belastungssituationen, einem starken Wechsel von Langeweile und Hektik oder intensivem Zeitdruck. Sofern solche Situationen mittel- bis langfristig vorhersehbar sind (z. B. Bereitschaftsdienste im medizinischen Umfeld, Messwarten, Polizeidienst oder Prüfungsdruck), können die mentale Vorbereitung möglicher Krisensituationen und **Selbstinstruktionen** für den Ernstfall hilfreich sein. Dabei handelt es sich um innere Anweisungen an sich selbst, um die Situation besser durchzustehen. Ähnlich wie die Vorsatzformeln aus dem Autogenen Training erinnern uns Selbstinstruktionen daran, welche Ressourcen und Kontrollmöglichkeiten wir haben und wie wir die Situation durchstehen wollen. Diese Anweisungen sollten auf eigenen Erfahrungen und Kenntnissen beruhen, die uns unter dem Druck einer akuten Belastungssituation meistens leider nicht einfallen oder erst dann, wenn alles vorbei ist *(eigentlich weiß ich genau, dass diese Hektik alles nur schlimmer macht, aber…).*

Fallbeispiel

Ein Beispiel: Ein Kursteilnehmer, der unter Anspannung häufig stotterte, entschied sich für die einfache, aber sehr effektive Selbstinstruktion eins nach dem anderen, wobei er die Worte beim Sprechen mit den Fingern mitzählte und sich dadurch nicht verhaspelte.

Hier einige Tipps für die **Formulierung von Selbstinstruktionen:**

Durch das Versprechen, etwas nicht zu tun, wird man am sichersten dazu gebracht, es gerade zu tun.

Mark Twain, Die Abenteuer von Tom Sawyer

- **Positive Formulierung.** Wahrscheinlich wissen auch Sie aus eigener Erfahrung, dass Ihnen genau das passiert, was Sie sich vornahmen, nicht zu tun oder zu vermeiden. Statt *ich soll nicht, ich werde nicht, ich kann nicht* beschreiben Sie konkret, was Sie tun werden oder was sein wird. Beispiel: Statt *Ich werde nicht stottern – eins nach dem anderen*
- **Ernste Absicht.** *Die Formulierung ich werde versuchen… enthält schon die Möglichkeit, ich mach es sowieso nicht.* Eine Selbstinstruktion beschreibt, was Sie tun werden.
- **Realistischer Vorsatz** für die **unmittelbare Zukunft**. Im Gegensatz zu manchen Ansätzen des positiven Denkens stellen Selbstinstruktionen realitätsnahe und unmittelbare Handlungen dar, deren Realisierbarkeit ausschließlich unter der eigenen Kontrolle liegt.

Wenn Sie dranbleiben wollen: Denkmuster auf dem Prüfstand

Wenn es nur eine Wahrheit gäbe, könnte man nicht hundert Bilder über dasselbe Thema malen.

Pablo Picasso

Jeder von uns hat gewisse Gedankenmuster und Bewertungssysteme sich selbst und die Welt betreffend (z. B. *Männer, die Gefühle zeigen, sind Schwächlinge; am besten macht man alles selbst; man kann sich auf niemanden verlassen; ich bin sowieso ein Versager*). Diese entstehen im Zusammenhang mit Erfahrungen aus unserer persönlichen Lebensgeschichte, und sie fungieren wie eine Brille, durch die wir unsere Umgebung wahrnehmen. Dadurch werden sie zu sich selbst erfüllenden Prophezeiungen, und meistens wird gar nicht mehr geprüft, ob sie noch der Realität entsprechen, sinnvoll und hilfreich sind.

Fallbeispiel

Ein Beispiel: Wenn Sie als Kind negative und kränkende Erfahrungen im Zusammenhang mit Schule und Leistung gemacht haben und sich von den Erwachsenen wenig unterstützt und gefördert fühlten, dann kann die Kritik eines Vorgesetzten im Kopf eine Tür aufmachen zu diesen alten Erfahrungen – und Sie reagieren innerlich *(ich bin sowieso ein Versager)* und äußerlich (unsachliches Widersprechen, beleidigter Rückzug) viel extremer, als das eigentlich in dieser Situation angemessen wäre.

Da wir uns dieser inneren Automatismen meistens nicht bewusst sind, sind sie besonders resistent gegenüber Veränderungen. Menschen mit Depressionen werden zum Beispiel leicht Indizien dafür finden, dass sich »keiner (um sie) kümmert«. Sie filtern aus ihrer Umgebung die Informationen heraus, die sie zur Bestätigung ihrer Überzeugung brauchen. Aus ähnlichen Gründen bleiben Vor-Urteile so stabil: Wir werden eher nach Informationen suchen, die diesen Urteilen entsprechen, als uns durch andere Hinweise beirren zu lassen. Wir interpretieren unsere Erfahrungen so, dass sie unsere Vorurteile über uns selbst und die Welt immer neu bestätigen. Das hat ähnliche Vorteile wie Gewohnheiten. Es ist zeitsparend, schützt vor Reizüberflutung und Selbstverunsicherung. Außerdem ist es einfacher und bequemer, das eigene Stresserleben eher auf äußere Ereignisse als auf eigene Überzeugungssysteme zurückzuführen. Der Preis aber ist mangelnde Flexibilität und Fairness. Auch verbaut man sich dadurch neue Erfahrungen, zum Beispiel die, dass Kritik durchaus konstruktiv und förderlich gemeint sein kann.

Der Mensch ist ein Gewohnheitstier, und es bedarf eines bewussten Vorsatzes und lebenslanger Praxis, eigene lieb gewordene Meinungen zu hinterfragen bzw. hinterfragen zu lassen, zu überprüfen und vielleicht sogar zu revidieren. Das geschieht eigentlich am besten durch Austausch, Diskussion und neue Erfahrungen. Denkstile und Einstellungen zu ändern ist in der Regel langwierig, kann verunsichern und auch Angst machen, fühlt man sich doch leicht selbst und als ganze Person in Frage gestellt. Selbstversuche in diese Richtung gelingen vielleicht am ehesten mit Personen, von denen Sie sich ohnehin akzeptiert fühlen und die ebenfalls bereit sind, unterschiedliche Meinungen und Sichtweisen gemeinsam zu überdenken und ernsthaft zu diskutieren. Manchmal bedarf es dazu auch einer geschützten, therapeutischen Situation.

Hier kann ich Sie nur einladen, innere und äußere Gegebenheiten immer wieder neu zu betrachten, achtsamer mit ungeprüften Behauptungen umzugehen und mit weniger Vorbehalten an Ihre Umgebung heranzutreten. Diese Neu-Gier wird sich auch auf Ihre sozialen Beziehungen auswirken, nämlich in einer größeren Bereitschaft, anderen zuzuhören, ihnen nach Missverständnissen eine neue Chance zu geben und versöhnlicher mit ihren und den eigenen Fehlern umzugehen.

3. Die Großen über mir, meine Wünsche in mir und die vielen anderen um mich herum

Eigentlich bin ich ganz anders.
Ich komme nur so selten dazu.

Ödon von Horvath

Wie oben schon ausgeführt, haben Erfahrungen in der persönlichen Lebensgeschichte erheblichen Einfluss auf unsere heutigen Einstellungen und Gefühle und wirken sich natürlich auch auf unseren Umgang mit Belastungen aus – als Ressourcen, aber auch im Sinne verinnerlichter, unhinterfragter Forderungen und Ansprüche.

Dazu ein kleiner Selbstversuch:

Ich-Zustände **Übung**

Wenn Sie die letzten 24 Stunden Revue passieren lassen: Gab es da Augenblicke, in denen Sie so gedacht, gefühlt oder gehandelt haben wie als Kind oder Jugendlicher?

____

____

____

____

Gab es Momente oder Situationen, in denen Sie so gedacht, gefühlt oder gehandelt haben, wie Sie es vielleicht von den Eltern oder von anderen Erwachsenen aus Ihrer Kindheit und Jugend gekannt haben?

____

____

____

____

Bei dieser Übung haben Sie innere Erlebensweisen beschrieben, die von der Transaktionsanalyse als Kind-Ich und Eltern-Ich beschrieben werden. Die bewusste Wahrnehmung und Unterscheidung solcher Ich-Zustände kann für das bessere Verständnis zwischenmenschlicher Kommunikation und Belastung hilfreich sein. Deshalb im Folgenden mehr.

Eltern-Ich, Kind-Ich, Erwachsenen-Ich

Das **Eltern-Ich** vertritt Normen, Regeln, Gebote und Verbote, Sitten und Gebräuche, die wir von erwachsenen, meistens den elterlichen, Bezugspersonen übernommen haben. Je nachdem, ob wir diese Bezugspersonen unterstützend und fürsorglich oder kritisch, fordernd und strafend erlebt haben, macht sich das Eltern-Ich in alltäglichen Anforderungssituationen als nährend-fürsorglich oder als kritisierend, einschränkend und mahnend bemerkbar. Beispiele: Eine unterstützende innere (und äußere) Stimme könnte sagen: *Was können wir tun, um diesen Fehler zukünftig zu vermeiden?*, ein (über-)fürsorglicher Satz ist: *Lass, ich mach das schon für dich*, eine kritische Stimme und innerer Antreiber könnte sein: *man darf nicht…, man muss immer daran denken, dass…, das kannst du sowieso nicht* etc.

Das Kind-Ich vertritt alle natürlichen Impulse und Verhaltensweisen, die Kinder gewöhnlich zeigen. Diese können natürlich, spontan und unkontrolliert *(Ich will sofort…)*, intuitiv, kreativ und manipulativ *(Lass es uns doch einfach ausprobieren)*, aber auch angepasst, zaudernd und brav sein *(Ich bin lieber still)*. Bei unseren Reaktionen aus dem Kind-Ich heraus befinden wir uns gefühlsmäßig oft im »Heimkino« früh gemachter Erfahrungen, und wir wundern uns dann später selbst über unser Verhalten in bestimmten Situationen.

Das **Erwachsenen-Ich** vertritt das planende, vernünftige Abwägen, den persönlichen Standpunkt unter Einbeziehung der eigenen Lebenserfahrungen und Entscheidungen. Hier werden Informationen gesammelt, abgewogen und flexibel genutzt. Mit dieser Instanz können wir entscheiden, welcher der anderen

Ich-Zustände zum Zuge kommt, und wir können deren Reaktionen auch hinterfragen, zum Beispiel: *Sind hier Schuldgefühle wirklich angebracht*? Ein Ergebnis dieses inneren Prozesses könnte zum Beispiel sein: *Trotz einiger Nachteile habe ich mich dazu entschlossen, …*

Nach dem hier vorgestellten Persönlichkeitsmodell geht es einem Menschen gut, bei dem die drei Ich-Zustände in einem ausgeglichenen Verhältnis zueinander stehen und alle drei inneren Berater zu gegebener Zeit und in passender Umgebung zum Zuge kommen. Ist das Kind-Ich blockiert, hat ein Mensch wenig Freude am Leben, verhält sich oft unnachgiebig und wenig flexibel. Ohne Eltern-Ich hätte er keine Moral und kein Gewissen und ohne Erwachsenen-Ich keinen Bezug zur Realität. Bestenfalls übernimmt das Erwachsenen-Ich die volle Verantwortung über unseren Kontakt zur Außenwelt und über unsere Reaktionen. Es hält inne, wägt ab und entscheidet, welchen Impulsen der verschiedenen Ich-Zustände in welchen Situationen Rechnung getragen wird. Es weiß einzuschätzen, wann es ausgelassen und impulsiv sein kann und wann es besser ist, kindlichen Trotz, Groll oder Übermut hintanzustellen. In bestimmten Situationen mag man sich so entscheiden, wie es vielleicht auch Vater oder Mutter getan hätten, in anderen Fällen mag man aufgrund der inzwischen gemachten eigenen Erfahrungen zu ganz neuen Ergebnissen kommen. Frei ist nach diesem Modell eine Person, die sich in ihrem Handeln an eigenen Präferenzen ausrichtet und selbstverantwortlich bestimmt, auf welche Weise sie ihr Leben verbringen will.

Bei der folgenden Übung können Sie sich mit den Botschaften aus den verschiedenen Ich-Zuständen noch etwas vertrauter machen.

Übung **Wer bin ich und, wenn ja, wie viele?** (Gunther Schmidt)

Arzt: »Sie wollten doch ein anderer Mensch werden.«
Patient: »Stellen Sie sich mein Pech vor, Herr Doktor:
Der andere Mensch trinkt leider auch.«

Ordnen Sie die folgenden Aussagen einem der Ich-Zustände zu.

Aussage	**Ich-Zustand**
Können Sie mir noch ein paar weitere Informationen über diese Sache geben?	
Den kriegen wir schon rum!	
Vielleicht haben wir noch nicht alle Punkte berücksichtigt.	
Mensch, das ist eine klasse Idee!	
Und wenn schon!	
Wann sind Sie endlich fertig?	
Diese Woche mache ich krank, dann wird Y schon merken, was er an mir hat.	
Welche Gründe gibt es für dieses Verhalten?	
Das schaffe ich nie!	
Erst die Arbeit, dann das Vergnügen!	
Reiß dich gefälligst zusammen!	
Ich denke gar nicht daran, das zu machen.	
Das macht echt Spaß!	
Wenn Sie es allein nicht schaffen, helfe ich Ihnen gerne.	
Sind hier Schuldgefühle wirklich angebracht?	
Ich bin lieber still.	
Trotz einiger Nachteile habe ich mich dazu entschlossen, …	

Verinnerlichte Regeln und Anforderungen aus der Kindheit können erheblichen Stress erzeugen. Sie werden in der Transaktionsanalyse als innere Antreiber bezeichnet, und um diese geht es im folgenden Abschnitt.

Innere Antreiber als Auslöser für selbst gemachten Stress

Wenn man mir, was vorkam, die Führung fremder Geschäfte aufdrängte, versprach ich, sie zur Hand zu nehmen, nicht zu Herzen oder Nieren; sie zu schultern, nicht aber sie mir einzuverleiben; für sie zu sorgen, gewiss, aber nicht mich für sie zu ereifern.

(Michel de Montaigne)

Als Kinder sind wir existenziell und emotional von den Eltern abhängig. Wir alle kennen das schöne Gefühl, wenn sie sich für uns interessierten und uns lobten, und wir wissen, wie schmerzlich es war, dieses Gefühl zu vermissen oder wenn sie uns gar abgelehnt haben. Kindern bleibt nichts anderes übrig, als sich mit den Erwartungen der Großen zu arrangieren. Das gelingt am ehesten, wenn sie sich bestimmte Regeln und Anforderungen selbst zu eigen machen. Diese Regeln stammen natürlich wiederum aus der (Erfahrungs-)Geschichte der Eltern und hatten dort vielleicht ihren Sinn und ihre Berechtigung. Sie werden jedoch, manchmal sogar über Generationen hinweg, so verinnerlicht, dass sie bis ins eigene Erwachsenenalter wirken, selbst wenn man darunter gelitten hat, zum Beispiel: *Man muss seinen Teller leer essen.*

Da die Zufriedenheit der Großen ein grundlegendes Bedürfnis des Kindes ist, macht es sich oft nicht nur ihre tatsächlichen, sondern sogar vermeintliche Aufträge zu einem Teil der eigenen Identität. Zum Beispiel: *Mein Vater wollte immer studieren, aber als Nachkriegskind war es ihm nicht möglich. Ich muss schaffen, was er nicht erreicht hat.* Hier wirken die unerfüllten Träume und Hoffnungen der Eltern stärker als die eigene Motivation und Begeisterung für eine Sache, unabhängig davon, dass ihre Urheber inzwischen räumlich weit weg leben oder vielleicht sogar gestorben sind.

Bei der folgenden Übung möchte ich Sie einladen, in Gedanken zurückzugehen in Ihre Kindheit und Jugend und sich zu erinnern, welche Forderungen, Gebote, Verbote oder Verhaltensanweisungen Sie früher wahrgenommen haben. Manche davon sind Ihnen vielleicht noch im Ohr, weil es sich um umgangssprachliche Sprüche und prägnante Sätze handelt: *Erst die Arbeit…*, *Ein Indianer kennt keinen Schmerz* etc., andere wurden vielleicht gar nicht explizit ausgesprochen, sie gingen selbstverständlich in Fleisch und Blut über: *Man spielt sich nicht in den Vordergrund, was werden die Nachbarn denken? Du bist nur etwas wert, wenn du…* etc. Vielleicht sind Ihnen beim Lesen schon Bilder aus Ihrer eigenen Geschichte gekommen.

Übung

Was sind Ihre inneren Antreiber?

Welche Regeln, Erwartungen, Sätze aus deinem Herkunftssystem sind noch in dir lebendig?

Erinnerst du dich, wo sie herkommen?

Wo waren sie bisher hilfreich?

____

____

____

____

Wann haben sie dir das Leben erschwert?

____

____

____

Wie möchtest du dich als Erwachsener dazu stellen und möchtest du dem Antreiber ein Argument aus deiner eigenen Erfahrung (einen »Erlauber«) entgegensetzen?

____

____

____

____

Überprüfen Sie selbst, welche dieser Sätze Sie heute noch als sinnvoll erachten und welche zu inneren Antreibern geworden sind, mit denen Sie sich und anderen manchmal das Leben schwer machen und die Sie (ungewollt) sogar den eigenen Kindern weitergeben.

Anmerkungen:
Ziel der Übung ist es, deutlicher zwischen inneren und äußeren Anforderungen und eigenen Bedürfnissen und Möglichkeiten zu unterscheiden und bewusste Entscheidungen über eigene Lebensprinzipien zu fällen. Wenn Sie bestimmte Grundsätze vertreten und weiterhin für sich selbst als sinnvoll erachten, sollten Sie mögliche negative Folgen selbstverantwortlich in Kauf nehmen, zum Beispiel: *Erst die Arbeit und dann das Vergnügen.*

Der »Erlauber« ist wirkungsvoll, wenn es sich dabei um ein

erwachsenes, selbstbestimmtes Argument und nicht nur um eine Gegenbehauptung handelt. Eine trotzige Umkehrung empfundener Einschränkungen in ihr Gegenteil *(mich schert es nicht, was die Nachbarn denken)* bestätigt eher, wie lebendig die elterlichen Regeln und Forderungen noch sind. In manchen Fällen hilft auch ein gelassenes *mal so, mal so* weiter. Damit werden die Regeln der Herkunftsfamilie nicht abgewertet, sie bleiben Verhaltensmöglichkeiten eines Repertoires, über das situationsabhängig verfügt werden kann.

4. Zusammenfassung und Konsequenzen

Achte auf deine Gedanken, denn sie werden Worte.
Achte auf deine Worte, denn sie werden Handlungen.
Achte auf deine Handlungen, denn sie werden Gewohnheiten.
Achte auf deine Gewohnheiten, denn sie werden dein Charakter.
Achte auf deinen Charakter, denn er wird dein Schicksal.

Aus dem Talmud

Bei stresshaften Ereignissen treten geradezu automatisch Gedanken und innere Bilder auf, die zu einer anhaltenden, negativ getönten Beschäftigung mit diesen Ereignissen führen können, ohne dass sich etwas verändert. Wenn Sie sich diese automatischen Gedanken bewusst machen, können Sie sich leichter aus negativen Gedankenkreisen lösen und/oder eine neue Perspektive dazu einnehmen. Aus diesem Vorgang ergibt sich entweder ein Handlungsimpuls oder eine Relativierung des Geschehens. Wie erfolgreich das gelingt, hängt im Wesentlichen von der Übung ab.

Die Bedeutungen, die wir Ereignissen, Verhaltensweisen oder Situationen beimessen, sind nur unter Berücksichtigung unserer inneren und äußeren Wirklichkeit verstehbar. Um konstruktive (Selbst-)Gespräche zu führen, bedarf es der Fähigkeit, die Realität zunächst einmal zu akzeptieren, wie sie ist, festzustellen, dass diese Realität oft mehrere Seiten hat, flexibel und undogmatisch zu sein, bewusst auch andere Positionen einnehmen zu können und die eigenen Erfahrungen nicht zu verallgemeinern. Hier hilft nur Sensibilität gegenüber der Verwendung von Wörtern wie »immer«, »nie«, »jeder«, »niemand«, »überall« und die Bereitschaft zur inneren Distanzierung. Da diese Bereitschaft ein gewisses Risiko mit sich bringt, verunsichert, enttäuscht und/oder doch wieder in seinen negativen Vorannahmen bestätigt zu werden, und da die eingefahrenen Gleise eben bequemer und angstfreier zu befahren sind, sind perspektivisches Denken und die damit verbundene Flexibilität wohl Lebensaufgaben, die in einem Buch nicht »schnell mal« zu üben sind. Vielleicht werden Sie sich ab und zu an unser Kommunikationsexperiment (»Zuhören«) erinnern, natürlich können Sie es jederzeit im Alltag wiederholen: Bei einer hitzigen Diskussion mit Freunden oder bei einer Auseinandersetzung mit Ihrem Partner/Ihrer Partnerin.

Ob Arbeit krank macht (wenn man sie hat), hängt auch damit zusammen, wie viel Selbstverantwortung und Selbstkontrolle Sie haben und sich leisten. Viele werden jede Verantwortung abschieben und sagen: Ich habe keinerlei Entscheidungsspielraum mehr. Tatsächlich ist dies am ehesten am Fließband der Fall, wo fast jede Bewegung von außen getaktet ist. Aber selbst hier gibt es freie Zeiträume. Sich Lebensqualität in die Gegenwart zu holen, setzt jedoch täglich bewusste Entscheidungen voraus. Sie können es lassen, aber Sie können sich nicht nicht entscheiden. Wer versucht, ausschließlich den Ansprüchen anderer Genüge zu tun, und eigene Bedürfnisse vernachlässigt, tut dies wahrscheinlich zur eigenen Bestätigung, aber er handelt nicht selbstverantwortlich.

VI Gefühle

Trotz der zentralen Bedeutung von Gefühlen in allen Bereichen des Lebens waren sie sehr lange kein Thema wissenschaftlicher Forschung, und bis heute ist man sich uneins darüber, was unter Emotionen und Gefühlen letztlich zu verstehen sei. Irgendwie sind sie halt immer dabei, und erst in den letzten Jahren erscheinen zunehmend Veröffentlichungen über ihre zentrale Bedeutung für menschliches Dasein und Zusammenleben (Damasio 1999; LeDoux 2001; Roth 2001; Lelord und Andre 2005).

Überblick

1. Zuwendung und Wahrnehmung
Übung: Inventur der Gefühle
Gefühle, Emotionen und Affekte
Zur Unterscheidung von Gedanken und Gefühlen
Übung: Situationsanalyse: Gefühle schwingen immer mit

2. Wohin mit meiner Wut?
Steter Ärger zehrt am Herzen –
Ausdruck von Gefühlen ist also gesund – doch es gibt auch zu viel des Guten
Übung: Ich steh zu mir

3. Selbst-Bewusstsein und Selbst-Wertgefühl
Übung: ICH? ICH!
Übung: Warum andere einmal gern an mich denken werden

4. Anker als Helfer der Ressourcenaktivierung
Übung: Meine Anker in der Vergangenheit
Übung: Meine Anker in der Gegenwart

5. Zusammenfassung und Möglichkeiten der Veränderung

1. Zuwendung und Wahrnehmung

Das sind Gefühle,
wo man schwer beschreiben kann.

Jürgen Klinsmann

Körperempfindungen, Gedanken und Verhaltensweisen sind immer auch mit Gefühlen verbunden. Schreiben Sie doch einmal spontan auf, welche Gefühle Sie kennen.

Inventur der Gefühle **Übung**

____

____

____

____

____

Gefühle, Emotionen und Affekte

Der Mensch ist ein auf vielen Ebenen kommunizierendes Wesen, das manchmal auch spricht.

Ray L. Birdwhistell

Der umgangssprachliche Begriff *Gefühl* meint am ehesten das subjektive, bewusstseinsnahe und sprachlich vermittelbare Erleben. Emotion und Affekt (lat., motio: Bewegung; lat., afficere: einwirken) betonen eindeutig auch energetische Aspekte und könnten als die körperliche Grundlage für Gefühlszustände gesehen werden. Wahrscheinlich sind Emotionen biologisch festgelegte, stammesgeschichtlich uralte Mechanismen der Lebensregulation, die automatisch in Gang gesetzt werden. Ihre Funktion für den Organismus besteht darin, dass sie ihn bei bestimmten Auslösern auf angemessene Reaktionen vorbereiten, zum Beispiel auf Kampf oder Flucht. Sie sind also gemeinsam mit unserer körperlichen Grundausstattung (Schmerz, Lust, Stoffwechsel, Reflexe) und den gedanklichen Prozessen überlebensnotwendig und nicht biologischer Luxus. Deshalb ist der Gefühlsausdruck bestimmter Basisemotionen kulturübergreifend und schon vom frühen Kindesalter an gültig. Überall auf der Welt scheinen ein bedrohlicher Blick, der Ausdruck von Angst, Freude oder Ekel nonverbal verstanden zu werden.

Emotionen schlagen sich in allen Aspekten unseres Daseins nieder. Sie sind die treibenden oder bremsenden Motoren für alles Wollen und Tun, sie richten unsere Aufmerksamkeit aus, bestimmen unsere Zu- und Abneigungen, färben unser Denken, unsere Motive und Pläne. Wenn wir verliebt sind, sehen wir die Welt mit anderen Augen als nach einem persönlichen Verlust, und natürlich ist unsere Aufmerksamkeit auf jeweils ganz unterschiedliche Dinge gerichtet. Der Anspruch, bestimmte Sachverhalte »einmal ganz emotionslos« zu betrachten, ist also zum Scheitern verurteilt. Manche neigen dazu, dies als Nachteil zu sehen. Aus der neurobiologischen Forschung weiß man jedoch, dass Menschen, die durch eine lokale Schädigung des Nervensystems die Fähigkeit verloren haben, Gefühle zu empfinden, auch einen Teil ihrer Vernunft eingebüßt haben: Sie verlieren jegliche Motivation, haben Störungen des Gedächtnisses und der Urteilskraft, ihnen fehlt das Interesse an anderen und sie haben Beziehungsschwierigkeiten, weil sie taktlos und unpersönlich sind (Lelord und Andre 2005).

Die Summe, Art und Intensität unseres Gefühlslebens hängt stark von unseren Vorerfahrungen ab. Gefühle können durch Gedanken ausgelöst werden (z. B. Eifersucht), aber auch reflexhaft aufgrund im Gehirn früh angelegter Erinnerungsspuren durch einschneidende Erfahrungen wie Misshandlung, Verlassensein oder Versagenserleben. Sie treten dann, ausgelöst durch interne Reize, ohne ersichtlichen Zusammenhang mit Situationsmerkmalen und für das Bewusstsein nicht mehr zugänglich auf. Genauso prägen sich natürlich auch Erfolgserfahrungen in unserem Gehirn ein und sind mit entsprechenden Gefühlen verbunden.

Was hat das alles mit Stress zu tun?

Das komplexe Zusammenspiel von Gefühlen, körperlichen und kognitiven Vorgängen ist unmittelbare Voraussetzung für das, was uns zu Menschen und was unsere Persönlichkeit ausmacht. Stimmungen und Hintergrundemotionen wie Vitalität, Ausgeglichenheit und psychische Stabilität sind in einem ständigen Wechselprozess gleichermaßen Voraussetzungen und Ziel von Gesundheit, anhaltende negative Gefühle sind massive Stressoren und machen auf Dauer krank. Ihre Veränderung ist kurzfristig oft nicht möglich, sondern bedarf der Geduld und neuer Erfahrungen. Es kann aber schon ein wesentlicher Schritt zur Veränderung sein, wenn Sie Gefühle einerseits als Tatsache akzeptieren und sich andererseits nicht automatisch hinreißen lassen zu Ihren Lieblingsgefühlen, zum Beispiel schnell aufzubrausen, sich grün und blau zu ärgern, panisch auszuweichen. Achtsamkeit gegenüber den eigenen Gefühlsregungen wird dazu führen, dass Sie zum Beispiel nicht »nur« enttäuscht sind, sondern dass Sie wissen, dass es Enttäuschung ist, was Sie empfinden. Das wird die Verständigung mit Ihrem Gegenüber erleichtern.

Zur Unterscheidung von Gedanken und Gefühlen

Das Schwierigste am Leben ist,
Herz und Kopf dazu zu bringen, zusammenzuarbeiten.
In meinem Fall verkehren sie noch nicht mal
auf freundschaftlicher Basis.

Woody Allen

Übrigens beschreiben wir meistens keine reinen Gefühle, auch wenn wir einen Satz beginnen mit *Ich habe das Gefühl…* Vielmehr steckt dahinter häufig ein Gedanke (eine Meinung, ein Urteil, eine Interpretation). Umgekehrt kann ein Satz, der begonnen wird mit *Ich denke, dass…* sehr emotionsgeladen sein. Wenngleich die Unterscheidung von Gedanken (Kognitionen) und Gefühlen oft nicht eindeutig und im Alltag schwierig ist, lohnt es sich dennoch, sich die wesentlichen Unterschiede bewusst zu machen. Gefühle treten subjektiv, spontan, direkt und unkontrolliert auf, ob wir das wollen oder nicht. Sie können meistens nicht unmittelbar beeinflusst werden und sind – im Unterschied zu Gedanken bzw. Meinungen – nicht diskutierbar im Sinne von richtig oder falsch. Wenn sich zwei streitende Gesprächspartner lediglich diese Tatsache zu Herzen nehmen, ersparen sie sich fruchtlose und frustrierende Diskussionen. Gefühle können nämlich nicht wegdiskutiert werden – zunächst einmal können wir sie nur mitteilen und dazu stehen. Wird das vom Gegenüber respektiert, besteht die Möglichkeit, sich zu verständigen. Gedanken und Bewertungen hingegen können in Frage gestellt, diskutiert und tendenziell schneller verändert werden. Dies hat dann wieder Auswirkungen auf unsere Gefühle.

Wenn Sie das Buch der Reihe nach gelesen haben, ahnen Sie wahrscheinlich schon, was der nächste Schritt ist: die Zuwendung zu und Wahrnehmung Ihrer Gefühle im Hier und Jetzt des Alltags.

Problem:

Situationsbeschreibung (Ort, Zeitpunkt, Verhalten der Beteiligten – Videotechnik)

Körperempfindungen

Gedanken, innere Sätze

Gefühle

Eigenes Verhalten

Anmerkungen:
Im Folgenden ein Vorschlag für wahrscheinlich kulturübergreifende, angeborene **Grundgefühle** und ihre Varianten bzw. Begleitgefühle:

Freude, Glück, Liebe
Traurigkeit, Trauer, Schwermut, Depression, Niedergeschlagenheit
Ärger, Wut, Zorn, Jähzorn, Empörung, Erbitterung
Furcht, Angst, Grauen, Horror, Panik
Interesse, Aufmerksamkeit, Neugier
Überraschung, Staunen

Darüber hinaus gibt es natürlich Gefühle, die weitgehend auf Erfahrungen beruhen und sozial determiniert **(sekundär)** sind wie zum Beispiel Stolz, Verlegenheit, Eifersucht und sog. Schuldgefühle. Unser Alltagsbefinden wird außerdem durch sog. **Hintergrundemotionen** wie Unbehagen, Wohlbefinden, Stabilität, Vitalität, Elan, Entspannung eingefärbt, die stark mit unserem körperlichen Zustand assoziiert sind und die wir sowohl bewusst als auch lediglich unbewusst erleben können.

- Beim Ausfüllen dieses Beobachtungsbogens oder auch beim freien Niederschreiben dessen, was Sie gerade bewegt, geht es zunächst nicht um die Reduktion unangenehmer oder unerwünschter Emotionen, im Gegenteil: Diese erhalten erst einmal Raum und Platz, ohne dass sie wegdiskutiert oder gar in Frage gestellt werden. Indem Sie Ihre (verletzten) Gefühle frei von Scham und Angst in Worte fassen, können Sie sie auch besser be-greifen und beeinflussen.
- Bei der Sichtung solcher Beobachtungsbogen fällt manchmal auf, dass die körperlichen, psychischen und handlungsbezogenen Reaktionen nicht zueinander passen oder sich sogar widersprechen. Ein extremes Beispiel ist, wenn jemand vor Wut fast platzt, nach außen hin jedoch ein freundliches Gesicht zeigt und bewegungslos bleibt. Im nächsten Abschnitt wird näher darauf eingegangen, dass dieses Verhalten vielleicht sozial konform, aber psychosomatisch gefährdend ist.

2. Wohin mit meiner Wut?

Ich kann meinen Ärger nicht ausleben.
Stattdessen brüte ich einen Tumor aus.

Woody Allen

Das Bedürfnis nach Ausdruck unserer Gefühle in Mimik, Gestik, Körperhaltung und Tonfall ist uns angeboren und kulturübergreifend ähnlich. Neben dieser Aufgabe im Sinne sozialer Kommunikation hat Gefühlsausdruck auch eine wichtige physiologische Bedeutung: Erregung wird auf eine für den Organismus unschädliche Art umgesetzt und abgebaut. Gefühle sind nämlich bereitgestellte Energie, die zum Handeln motiviert und verbraucht bzw. aus-gedrückt werden sollte. Unser körperliches Warnsystem entspricht ja immer noch den Gegebenheiten aus der Zeit des Säbelzahntigers, das heißt bei »Gefahr« werden vom Organismus alle Voraussetzungen für Kampf oder Flucht bereitgestellt – und dieses Repertoire ist für eine hitzige Debatte am Arbeitsplatz oder einen zwischenmenschlichen Konflikt etwas einschränkend. Was also tun?

Manche verkneifen sich ihre Wut und ihren Ärger, beißen die Zähne zusammen oder lächeln sogar mehr oder weniger verkrampft und bleiben still auf ihrem Stühlchen sitzen. Organismisch gesehen fatal: Wurden doch alle Aktivitäten auf fight or flight eingestellt, also Zucker und Blutfette bereitgestellt, der Stoffwechsel hochgefahren, das Herz-Kreislauf-System aktiviert …

Steter Ärger zehrt am Herzen

Schon bei der Sammlung von Redewendungen im »Körperbaustein« haben wir darüber gesprochen, wie eng Gefühle besonders mit Körperreaktionen zusammenhängen: *Das Herz hüpft vor Freude, ich versuche meinen Ärger zu schlucken und er sitzt mir wie ein Kloß im Hals.* Bei Wut pressen wir unwillkürlich die Zähne zusammen (um nicht wirklich zuzubeißen?), bei Wut oder Scham können wir bis in die Haarwurzeln erröten, bei Schreck erbleichen. Dieser Zusammenhang findet seinen Ausdruck in den Bezeichnungen »psychophysiologische« oder »psychosomatische« Reaktion. Damit ist gemeint, dass psychische Faktoren einen erheblichen Einfluss auf körperliche Vorgänge haben und umgekehrt. Menschen, die mit einer doppelten Buchführung leben in dem Sinne, dass es ihnen innerlich ganz anders geht, als sie nach außen darstellen, verlangen ihrem Nervensystem zusätzliche Arbeit ab. Manche suchen sich so genannte Ersatzbefriedigungen, und vielleicht wissen Sie aus eigener Erfahrung, dass viele Konsumgewohnheiten Versuche sind, Ärger und Frustration zu dämpfen oder sich zu beruhigen. Es kommt auch vor, dass Menschen ihre Gefühle gar nicht mehr wahrnehmen, und das macht auf Dauer krank. Tatsächlich sind mangelnde Selbstwahrnehmung von innerer Erregung und die Diskrepanz zwischen Erleben und Verhalten besondere Merkmale psychosomatischer Patienten.

Ausdruck von Gefühlen ist also gesund – doch es gibt auch zu viel des Guten

Ausschließlich spontane Gefühlswallungen helfen bei den heutigen Problemen genauso wenig weiter, wie seinen Ärger ständig an den anderen »auszulassen« – das hat meistens eskalierende Konflikte und weiteren Ärger zur Folge. Außerdem können Gefühle durchaus dysfunktional und veränderungswürdig sein, vor allem wenn sie sich zu Haltungen verfestigt haben (z. B. Feindseligkeit). Im Spannungsbogen von ungebremster Emotionalität und Selbsteinschränkung steht das authentische, abgestimmte und angemessene Ausdrücken eigener Befindlichkeit. Am besten geht es Personen, die offen um Klärung bemüht auf andere zugehen und Bereitschaft zur Lösung signalisieren. Wenn Sie es schaffen, Gefühle angemessen auszudrücken, hat dies sowohl einen gesundheitsförderlichen Aspekt im Sinne von Vermeidung psychophysiologischer Übererregung als auch einen sozialhygienischen im Sinne von Selbstsicherheit und sozialer Kompetenz. Leichter gesagt als getan – hier zwei wichtige Schritte dahin:

Der erste Schritt ist, Gefühle zumindest vor sich selbst erst einmal zuzulassen. Der nächste Schritt ist: Dazu stehen, dass Sie sie haben, sie als »selbstgemacht« akzeptieren und ihre Ursache nicht bei anderen suchen. Dies drückt sich auch im Sprachgebrauch aus. Bei Sätzen wie *Du machst mir Freude* oder *Er ärgert mich jedes Mal* verkennen wir, dass wir – wie für unsere Gedanken auch – für unsere Gefühle selbst verantwortlich sind. Andere Personen können natürlich Gefühle in uns auslösen – auch solche, die sie gar nicht beabsichtigt haben. Die Selbstverantwortung für meine Gefühle drücke ich dadurch aus, dass ich sie in Ich-Form ausspreche und dazu stehe. Versuchen Sie's doch mal:

Ich steh zu mir (frei nach Hinsch und Pfingsten 2002, S. 87) **Übung**

Äußerung	Gefühl	Neu formulierte Äußerung
Frau zu ihrem Mann: *Du hast schon wieder vergessen, meiner Mutter zum Geburtstag zu gratulieren.*		
Mutter zu ihrem Sohn, nachdem dieser seine Hausaufgaben korrekt erledigt hat: *Du bist aber wirklich ein lieber Junge.*		
Frau zu ihrer Freundin: *In letzter Zeit scheinst du ja viel zu tun zu haben.*		
Mann zum Arbeitskollegen: *Bei so viel Schwierigkeiten könnte man alles hinschmeißen.*		
Frau zu ihrem Mann, nachdem dieser ohne Vorankündigung erst spät in der Nacht nach Hause kommt: *Wo warst du denn die ganze Zeit?*		

Ein Vater schimpft mit seinem Sohn. Die Mutter daraufhin: *Findest du nicht, dass man mit Peter etwas verständnisvoller umgehen müsste?*		
Mann zu seiner Frau: *Dir scheint ja nichts mehr an unserer Beziehung zu liegen.*		

3. Selbstbewusstsein und Selbstwertgefühl

Man müsste sich ein bisschen Sonne suchen,
ohne einen anderen in den Schatten zu drängen.

V. van Gogh

Wir alle haben den Wunsch, als Person gesehen, respektiert und in unseren Fähigkeiten und Leistungen geschätzt zu werden. Wir ergreifen ganz unterschiedliche Maßnahmen, um unseren Selbstwert zu erhalten, zu verbessern und zu verteidigen. Dabei sind wir auf Bestätigung von außen, aber auch auf unsere Selbsteinschätzung angewiesen. Ein gesundes Selbstwertgefühl fungiert wie ein Stressfilter gegen Anfechtungen. Es befähigt auch bei gegensätzlichen Informationen von außen, die eigenen, positiven Anteile zu sehen, fördert eine optimistische Grundhaltung und bereichert unsere zwischenmenschlichen Beziehungen. Es hilft aber auch dabei, Unvollkommenheiten bei sich selbst und anderen zu akzeptieren und nicht überzubewerten. Ein niedriges Selbstwertgefühl hingegen macht verletzbar für Angriffe und für psychische Stressreaktionen. Es begünstigt die Wahrnehmung von Mangel, Einschränkung, Ausschluss oder Ablehnung.

Das ganz natürliche Bedürfnis nach Bestätigung und Lob steht nicht selten im Widerspruch zu den Normen unserer direkten Umgebung, von der wir bestimmte Wertvorstellungen bezüglich wichtiger bürgerlicher Tugenden gelernt und verinnerlicht haben, lange bevor wir sie selbst bedenken konnten *(Eigenlob stinkt, man drängt sich nicht in den Vordergrund)*. Viele sprechen lieber verallgemeinernd von »man« als in Ichform. Es ist geradezu verpönt, sich in den Mittelpunkt zu stellen, gleichzeitig hat jeder von uns auch eine große Sehnsucht danach. Für unser inneres Gleichgewicht ist es eine schwierige und anhaltende Aufgabe, zwischen den Extremen *Ich muss mich größer machen, als ich bin,* und *Ich zeige möglichst wenig von mir* zu oszillieren und eine angemessene Selbsteinschätzung auch nach außen zu vertreten. Wie wäre es also einmal mit:

ICH? ICH! **Übung**

Welche Ereignisse in Ihrem beruflichen Leben haben Ihnen das Gefühl von Stolz und Selbstvertrauen gegeben?

____

____

____

Welche Ereignisse in Ihrem privaten Leben haben Ihnen das Gefühl von Stolz und Selbstvertrauen gegeben?

____

____

____

Welche Eigenschaften oder Merkmale schätzen Sie an sich selbst?

____

____

____

Und weil es gut tut: Stellen Sie sich Ihre Kinder oder andere Menschen aus Ihrem Leben vor und schreiben Sie auf, was diese an Ihnen schätzen.

Übung **Warum andere einmal gern an mich denken werden**

Welche Ihrer Eigenschaften und Verhaltensweisen waren für andere schon hilfreich? Womit haben Sie anderen besonders gut getan? Wem waren Sie hilfreich und womit?

____

____

____

____

4. Anker als Helfer der Ressourcenaktivierung

Sie kennen sicher das Phänomen, dass kleine Auslösereize unser ganzes Erleben verändern können: Eine bestimmte Musik versetzt uns zurück an einen Urlaubsort, ein Geruch in die alte Turnhalle und den Sportunterricht, manchmal löst schon allein der Terminkalender auf unserem Tisch den Gedanken an das morgige Gespräch mit dem Chef und eine körperliche Reaktionspalette aus. Manche betreten das Haus ihrer Eltern und fühlen sich wieder wie ein Kind, andere erwischen sich bei Urlaubsträumen, wenn sie das Foto auf dem Schreibtisch betrachten. Solche festen Reiz-Reaktionsverbindungen sind gespeicherte Erfahrungen. In vielen Fällen helfen sie uns, schnell und zweckmäßig zu reagieren, ohne überlegen zu müssen. Sie können einen oder alle Sinneskanäle betreffen und funktionieren meistens unbewusst (z. B. über Geruch, Geschmack, äußere Ähnlichkeiten) oder laufen zumindest automatisch ab (der weiße Kittel, eine Nase, die mir nicht gefällt, Uniformen, Lebertran usw.). Im Folgenden werden Auslösereize für ein besonderes Erleben als Anker bezeichnet. Kinder haben gewöhnlich viele solcher Helfer: ein Plüschtier, ein Stein, eine Muschel, eine Geste wie »über die Schulter spucken«, auf bestimmte Art auf dem Randstein hüpfen, weil es Glück bringt, wenn das gelingt.

Durch die magischen Aspekte kindlicher Helfer kann trotz

erlebter Ohnmacht in einer unüberschaubaren und bedrohlichen Welt der positive Selbstwert aufrechterhalten werden. Auch Erwachsene haben Anker: Manchmal sind es Schmuckstücke, Fotos, Urkunden an der Wand, zu bestimmten Ereignissen besondere Kleidungsstücke. Manche brauchen einfach den Kaffee am Morgen oder ein anderes kleines Ritual, um den Tag gut anzufangen. Letztlich haben Trophäen, Urkunden, Talismane, Uniformen ebenfalls diese Funktion: Sie bestätigen Zugehörigkeit, erinnern an Erfolgsmöglichkeiten und haben auch einen gewissen Signalcharakter nach außen. Der bewusste Einsatz solcher Anker für positive Erinnerungen kann es uns erleichtern, schneller Zugang zu unseren Ressourcen zu haben, kurzfristig auf andere Gedanken zu kommen und negative Aspekte einer Situation zu relativieren. Die besten Anker sind einfach, spezifisch und unverwechselbar, und wenn es Gegenstände sind, sollten sie handlich und einfach mit sich zu führen sein.

Hier einige Beispiele aus der Beratung für den hilfreichen Einsatz von Ankern:

- Eine Gruppenteilnehmerin, die völlig vereinnahmt von den Konkurrenzkämpfen am Arbeitsplatz war, stellte sich ein Familienfoto auf ihren Schreibtisch, das im Krankenhaus aufgenommen worden war. Eines ihrer Kinder war gerade von schwerer Krankheit genesen. Mancher Kleinkram relativierte sich, wenn sie sich bewusst machte, dass es ihr privat wieder besser ging.
- Ein Mann, der in Stresssituationen immer stotterte, hatte sich angewöhnt, prinzipiell die Worte mit den Fingern mitzuzählen, und zwang sich dadurch, langsamer zu sprechen.
- Ein Kursteilnehmer hatte von einem befreundeten Arzt einen alten Herzschrittmacher (die sahen früher aus wie kleine Wecker!) geschenkt bekommen mit dem Satz: *Wenn du so weitermachst, brauchst du auch bald einen.* Er trug den Schrittmacher längere Zeit mit sich herum. Er erzählte, dass er immer, wenn er ihn zufällig in der Tasche ertastete, einen »Gang niedriger schaltete«.

Welche Anker hatten Sie in der Kindheit und Jugend, was waren früher Helfer für Sie, haben Sie heute noch Anker?

Übung

Meine Anker in der Vergangenheit:

Übung

Meine Anker in der Gegenwart:

Fallbeispiel

Hierzu noch eine kleine Geschichte aus der Beratung:

Eine Chefsekretärin fühlte sich von ihrem neuen Vorgesetzten gegängelt, missachtet, schikaniert. Sie hatte ihre Problematik mit dem Bild verdeutlicht, dass sie innerlich immer schrumpfte und sich fühlte wie eine Fünfjährige, wenn er das Zimmer betrat. Im privaten Kontext hingegen war sie sehr selbstbewusst und konnte sich hervorragend zur Wehr setzen. Sie suchte also nach einem Anker fürs Büro, der sie an ihre Wehrhaftigkeit erinnern sollte – und dies war ein kleiner, quadratischer Pflasterstein, den sie an einer Baustelle gefunden hatte. Zum Abschluss der Beratung brachte sie mir diesen »Baustein« mit: Sie habe ihn gegen eine Kerze ausgetauscht, die genauso wie der Stein aussehe. Mit dem Chef komme sie inzwischen besser klar und als Symbol dafür zünde sie manchmal das Kerzchen an, aber für den Fall der Fälle sei das immer noch »ihr Stein«.

5. Zusammenfassung und Möglichkeiten der Veränderung

Ohne Gefühle können wir nicht sein. Sie sind lebenswichtige Informationen für den Organismus und wesentliche Motoren oder Blockierer für unser Erleben und Tun. Sie helfen uns zu spüren, was bedeutsam, angenehm oder gefährlich, persönlich gut oder schlecht ist. Ähnlich wie bei Gedanken unterliegen wir auch gefühlsmäßig einem konstanten emotionalen Hintergrund, einem Auf und Ab von Gefühlen. Sie können bewusst oder unbewusst, ganz kurz oder wochenlang andauern und können vielleicht überspielt, willkürlich jedoch nicht einfach abgeschaltet oder verändert werden. Sie sind untrennbar mit Gedanken, Körperempfindungen und Verhaltensimpulsen verknüpft, und alle diese Aspekte des Erlebens beeinflussen sich wechselseitig. Nach dieser Definition kann man nie affektfrei sein, denn irgendwie gestimmt ist man schließlich ja immer. So gesehen bilden Affekte die Matrix, auf deren Grundlage unser Gesamtorganismus reagiert und kommuniziert.

Der **Körper** ist »die Bühne der Gefühle« (Damasio 1994, S. 19), wie ja sogar die Alltagssprache mit vielen Beispielen dokumentiert. Unsere Gestimmtheit teilt sich über körperliche Vorgänge und Zeichen mit, deshalb können wir sie meistens nur schwer verbergen. In jeder Begegnung breitet sich über verbale und nonverbale Kanäle blitzschnell auch eine zwischenmenschliche Stimmung aus. Entgegen dem Anspruch, dass logisches Denken gefühlsfrei und nüchtern sein solle, ist Kommunikation ohne minimale affektive Übereinstimmung, die gewisse »Wellenlänge«, nicht effektiv möglich.

Logik betrifft lediglich die Art, wie verschiedene Gedanken miteinander verknüpft werden. Aus dieser Sicht sind also auch sehr unterschiedliche Logiken denkbar. Kognitionen und Affekte beeinflussen sich wechselseitig: Gedanken machen und verstärken bestimmte Stimmungen und umgekehrt.

Und schließlich ist der Affekt auf einer tiefen, inneren Ebene auch schon ein **Verhalten**: Angst ist verbunden mit einem Fluchtimpuls, lustbetonte Gefühle wie Freude und Liebe mit einer Hinbewegung, bei Aggression geht es darum, jemanden abzuwehren oder anzugreifen, bei Trauer um Abschied und Loslassen. Gerade am Beispiel intensiver Gefühle kann ihr energetischer Charakter gezeigt werden: Enthusiasmus und Freude sind hoch motivierend und treiben uns zu Hochleistungen an, Aggression kann in Tätlichkeiten enden.

Schon die bewusste Wahrnehmung Ihrer Gefühle, das Akzeptieren und schließlich der adäquate Ausdruck stellen eine gesundheitserhaltende Fähigkeit dar, weil andauernde emotionale Aktivierung, die aktiv unterdrückt und nicht zum Ausdruck gebracht wird, eine physiologische Übererregung und zusätzliche Arbeit für das Nervensystem darstellt. Spannungsminderung ist also der wichtigste Effekt des erfolgreichen Aus-Drucks von Gefühlen sowohl bei inneren wie auch bei interpersonellen Konflikten. Jeder muss seine persönlichen Möglichkeiten finden, wie er diese Spannungsminderung in unterschiedlichen Situationen erreichen kann und will. Körperliche Komponenten für eine effektive Energieumsetzung sind Bewegung und Aktivität. Während eines anstrengenden Arbeitstags die Treppe statt den Fahrstuhl zu benutzen und abends vor der Heimkehr erst einmal »um den Block« zu laufen ist durchaus gesund. Körperwirksame Komponenten enthalten auch Singen, Musizieren, kreative Tätigkeiten. Allerdings werden dadurch zwischenmenschliche Konflikte nicht gelöst. Hier geht es meistens um eine sozial verträgliche sprachliche Entäußerung und um einen klärenden Austausch der Betroffenen. Aktives Bewältigungsverhalten ermöglicht also eine bessere seelische Verarbeitung und die Integration des Erlebten. Nicht allein das Loswerden unangenehmer Gefühle, sondern ein angemessener Umgang damit und ihre Steuerung sind wichtig. Das eindeutige und sozial angemessene Zeigen von Ärger ist nicht nur seelisch gesund, sondern es erspart manchmal weitere Eskalation, weil es klärend sein kann und Kämpfe überflüssig macht. Rücksichtslosigkeit und Ellenbogenmentalität hingegen machen einsam und frustriert, aber auch Selbstaufopferung und das Verbergen eigener Bedürfnisse und Gefühle sind eine Form der Rücksichtslosigkeit, in diesem Fall gegen sich selbst.

Was für zwischenmenschliche Konstellationen gilt, gilt natürlich auch für Teams und größere Gruppen. Emotionale Stimmigkeit hat wesentlichen Einfluss auf die Kommunikation und Kooperation aller Beteiligten. Zusammenarbeit klappt am besten bei gemeinsamer Wellenlänge, und kreative Lösungen sind am wahrscheinlichsten in einer Atmosphäre lustvoller Entspannung. Leider wird meistens unterschätzt, dass jedes einzelne Teammitglied wesentliche Beitrage zur Kultivierung gemeinschaftsstiftender Aktivitäten und Rituale leisten kann.

VII Leistung und Beziehungen leben

Wir haben die Arbeit untersucht
und sind dabei auf das Leben gestoßen.

Nick Kratzer, Sozialforscher

Die übliche Trennung von Privatleben und beruflicher Tätigkeit ist für viele nicht mehr aufrechtzuerhalten. Das ist natürlich besonders bei Selbstständigen und in Familienunternehmen der Fall. Aber auch in anderen beruflichen Kontexten sind, wie in der Familie auch, **Beziehungen, Leistung, Gesundheit** und die **Sinn- und Wertefrage** untrennbar miteinander verwoben: Wenn bei der Arbeit nur Leistung zählt und es keine Rolle spielt, unter welchen Beziehungsbedingungen diese Leistung entsteht, bleiben langfristig Kreativität und Innovation auf der Strecke. Niemand kann seine Ernährungs- und Bewegungsgewohnheiten langfristig vernachlässigen, ohne körperliche Fitness einzubüßen. Ohne diese ist er wiederum weniger leistungsfähig, worunter auch das Privatleben leidet. Und schließlich wird die Frage nach der Motivation immer dringlicher *(Warum tue ich das alles?)*, um den wachsenden privaten und beruflichen Anforderungen überhaupt noch gerecht werden zu wollen.

Dass chronische Stressreaktionen immer häufiger werden, liegt nicht an der Arbeit selbst bzw. daran, wie lange oder wie viel gearbeitet wird. Deshalb werden Stresssymptome auch nicht dadurch gemindert, dass jemand mehr Freizeit hat. Belastungserleben steht vielmehr in Zusammenhang mit psychosozialen Problemen, mangelnder Handlungs- und Entscheidungsfreiheit, Unerreichbarkeit selbst gesteckter Ziele, Frustration dringender Wünsche und Bedürfnisse, Mangel oder Überschuss an Informationen und mangelnder Anerkennung für Arbeit (Huether 1997; Kaluza 2004). Im modernen Arbeitsleben werden diese Faktoren aber am häufigsten beklagt. Nichtsdestotrotz erklären amerikanische Führungsphilosophien das Erzeugen von Druck und Angst bei den Mitarbeitern sogar zur Führungsaufgabe: »Angst vor dem Wettbewerb, Angst, einen Fehler zu machen, und Angst zu verlieren können starke Motivierungskräfte sein« (Grove 2002). Gesundheitsförderlich sind Angst und Druck sicher nicht: Nach neueren Studien von DAK, AOK und Allianz LV haben Depressionen und Ängste seit 1997 um 70 % zugenommen und sind der vierthäufigste Grund für Krankschreibung (Deckstein 2005). Der Risikofaktor »Psyche« hält den Spitzenplatz bei den neuen Krankheitsfällen noch vor Herzkrankheiten, Krebs und anderen Zivilisationskrankheiten. Arbeitsplätze mit hoher Arbeitsanforderung bei gleichzeitig geringer Selbstkontrolle über den Ablauf (z. B. Fließbandarbeit) scheinen das Risiko, zwischen 35 und 65 Jahren kardiovaskulär zu erkranken, um das Zwei- bis Vierfache zu erhöhen, das Fehlen kollegialen Rückhalts am Arbeitsplatz erhöht dieses Risiko noch weiter. Damit kann hier nur angedeutet werden, welche wichtige Rolle ernst gemeinte Unternehmensgrundsätze und strukturelle Maßnahmen bei der betrieblichen Vorbeugung stressbedingter Erkrankungen spielen.

In diesem Baustein wird mit einigen Anregungen aufgezeigt, wie individuelle Kompetenzen zum besseren Umgang mit oben genannten Risikofaktoren beitragen können. Es ist fraglich, ob sinnvoller Umgang mit freier Zeit oder gar Muße aus Büchern oder in Kursen gelernt werden kann. Innere Ruhe oder gar Stille sind nicht einfach vermittel- bzw. lernbar, man findet sie oder sie kehren ein – und dazu braucht es eben Zeit und langen Atem. Am hilfreichsten könnten hier noch die Geschichten der Dichter und die Werke der Philosophen sein (siehe z. B. Böll 1969; Ende 1973; Achenbach 2000).

Überblick

1. Das Stundenglas der Zeit…
Übung: Zeit im allgemeinen Sprachgebrauch
Übung: Zuwendung und Wahrnehmung: Meine Tagesrhythmen
Leistungsfähigkeit und Pausen
Zeitverwaltung und Zeitmanagement

2. Was, wann, mit wem, wozu?
Übung: Bestandsaufnahme: Freie Zeit
Übung: Balance der Lebensbereiche
Zur Bedeutung zwischenmenschlicher Beziehung

3. Begrenztes Leben
Übung: Heute ist der erste Tag vom Rest Ihres Lebens
Übung: Mein privater Lebensweg
Übung: Meine berufliche Geschichte
Übung: Wofür wird das alles einmal gut gewesen sein?

1. Das Stundenglas der Zeit…

Narren hasten, Kluge warten,
Weise gehen in den Garten.

R. Tagore

Zeit ist wahrscheinlich eines der am häufigsten verwendeten Substantive der deutschen Sprache und keine zu haben ein oft gehörter Satz. Zeit will man sparen, man darf sie nicht verschwenden, Zeit ist Geld. Zeit ist leicht vergängliches Luxusgut, das jeder will und kaum einer noch hat. Kinder sind noch zeitlos, sie leben »in den Tag hinein«. Dieser ist lang, ein Monat endlos, ein Jahr ewig. Mit zunehmendem Alter werden die Erwachsenen ihre Kinder der Herrschaft der Zeit unterwerfen mit *schnell, sofort, beeil dich, mach schon.* Wie in Michael Endes

Roman Momo (1973) werden die Agenten der Zeit-Spar-Kasse die Regie übernehmen.

Im Folgenden eine Einladung innezuhalten.

Zeit im allgemeinen Sprachgebrauch

Übung

Was also ist die Zeit? Wenn mich niemand fragt, weiß ich es. Wenn ich es jemandem erklären will, der fragt, weiß ich es nicht.

Augustinus

Welche Wörter, Sätze, Sprüche und Äußerungen zum Thema *Zeit* aus Kindheit, Jugend und Jetztzeit fallen Ihnen ein?

____

____

____

____

Was fällt Ihnen zum Thema Langeweile, Muße, Zeitverschwendung ein?

____

____

____

Durch die immer differenziertere Lebens- und Arbeitsorganisation haben wir uns sogar von den natürlichen Tagesrhythmen und Pausenbedürfnissen weitgehend entwöhnt, der Trend geht zu Nonstop in vielen Lebensbelangen. Das Verschwinden von Zwangspausen gilt als Fortschritt, angefangen von der Abschaffung gesetzlicher Feiertage und mittäglicher Ladenschlusszeiten bis hin zur ständigen Erreichbarkeit über E-Mail und Handy. Viele sind es gewohnt, stundenlang durchzuarbeiten, und empfinden nachlassende Aufmerksamkeit und Ermüdung bei sich und anderen als Schwäche oder Unzulänglichkeit. Dabei ist es eigentlich eine Binsenwahrheit, dass sich im Organismus Phasen von Aktivierung und Entspannung abwechseln und dass wir über den Tag hinweg immer wieder kürzere Pausen zur Aufrechterhaltung der Leistungsfähigkeit brauchen.

In der folgenden Übung können Sie Ihr eigenes Zeitgefühl und Ihren Umgang mit Pausen reflektieren.

Übung – Zuwendung und Wahrnehmung: Meine Tagesrhythmen

Wer schneller lebt, ist früher fertig.

Wie sieht zur Zeit Ihr Tages-, Nachtrhythmus aus? Unterliegt er lebens-, jahreszeitlichen oder belastungsbedingten Schwankungen?

____

____

____

Welche Beobachtungen haben Sie zu Ihrem persönlichen Tagesrhythmus gemacht? Wann haben Sie Hoch- und wann Tiefpunkte?

____

____

____

Woran merken Sie in Ihrem Arbeitsalltag, dass Sie eine Pause brauchen?

____

____

____

Wie sieht Ihre persönliche Pausengestaltung aus?

____

____

____

Hier einige Informationen über ultradiane Rhythmen und Pausengestaltung.

Leistungsfähigkeit und Pausen

Die wirklich tätigen Leute erkennt man daran, dass sie Zeit haben.

J. Romains

Erfahrungsgemäß unterliegen wir nicht nur einem individuellen Schlaf- und Wachrhythmus, sondern auch so genannten ultradianen Schwankungen, also Phasen von Leistungsfähigkeit und Aktivität gegenüber solchen von Pausenbedürfnis und Regeneration. Diese Phasen können individuell unterschiedlich lang sein, meistens aber treten nach 90 bis 120 Minuten anhaltender Konzentration körperliche Signale für das Bedürfnis nach einer kurzen Pause auf: Das Arbeitstempo verlangsamt sich, es meldet sich der Wunsch, sich zu recken, aufzustehen oder etwas zu sich zu nehmen. Bildschirmarbeit ist zum Beispiel Schwerstarbeit für die Augen: Bereits nach zwei Stunden ununterbrochener Arbeit am Bildschirm kann es zu Sehschärfeminderung oder Farbsinnstörungen kommen, s. auch S. 83. Diese Einschränkungen sind bei 15 Minuten Pause reversibel – sofern Sie in dieser Zeit nicht auf dem Bildschirm die Nachrichten lesen. Im Arbeitsalltag ist es eher üblich und sozial erwünscht, körpereigene Ermüdungssignale zu übergehen oder mit vermeintlichen Muntermachern (Kaffee, Zigaretten) zu bekämpfen. Dabei ist es mit Blick auf das Ergebnis viel effektiver, Mach-mal-Pause-Signale Ihres Organismus als natürliches Phänomen zu beachten und darauf einzugehen. Dies kann durch eine Minipause geschehen, in der Sie einen Imbiss zu sich nehmen, sich die Beine vertreten, aus dem Fenster schauen oder aber zumindest Ihre Aktivitäten verlagern und sich für diese Zeiten Routinetätigkeiten reservieren, die keine hohe Konzentrationsleistung oder körperliche Leistungen erfordern: Telefonate, aufräumen, Kopien machen etc. Auch wenn dies nicht geschieht – der Organismus wird sich früher oder später die Erholung holen. Dann schalten wir unfreiwillig und willkürlich einfach ab, sind nicht bei der Sache, werden unkonzentriert und gereizt. Schade, denn bei komplizierten Aufgaben entstehen kreative Denkprozesse am ehesten im Zustand von Entspannung, also gerade zwischen den Phasen voller Aufmerksamkeit und Konzentration, wenn wir scheinbar etwas völlig anderes tun und denken. So viel zur Notwendigkeit von Pausen.

Um die eigentliche Arbeitszeit optimal zu nutzen und die Kräfte zu bündeln, ergeben sich folgende Konsequenzen:

- Während Sie arbeiten, bleiben Sie bei einer Sache, lassen Sie sich nicht ablenken oder unterbrechen.
- Heben Sie weniger anspruchsvolle Aufgaben für die eingeplanten Zwischenphasen auf. Das Springen zwischen unterschiedlichen Tätigkeiten kostet Energie und Zeit.
- Planen Sie Ihre Zeit so, dass Sie bestimmte Arbeitseinheiten abschließen können. Beenden Sie den Arbeitstag nicht mit offenen Aufgaben, die nehmen Sie dann nämlich im Kopf mit nach Hause oder/und mit ins Bett.

Zeitverwaltung und Zeitmanagement

Leben ist das, was passiert, während du eifrig dabei bist, andere Pläne zu machen.

John Lennon

Bis zum Beginn der Industrialisierung hatten auch die Menschen im Westen noch einen anderen Zeitbegriff. Sie orientierten sich an den Wechseln der Jahres- und Tageszeiten, an naturgegebenen Erfordernissen und gemeinsam erlebter Stimmigkeit für bestimmte Aktivitäten (Wind, Wetter, Sonnenauf- oder -untergang, Anwesenheit aller wichtigen Beteiligten). Heutzutage sind nur noch wenige Berufsgruppen von den Rhythmen der Natur abhängig bzw. richten sich danach. Die meisten leben jedenfalls in festen Zeitstrukturen, auch in ihrer freien Zeit. Dass die Menschen in südlichen Ländern ein anderes Zeitgefühl haben, wurde in mehreren Zeitstudien über 31 Länder bestätigt. Die ersten Plätze hinsichtlich Lebenstempo und Genauigkeit belegten die Schweiz, Irland, Deutschland und Japan. Mexiko belegte den letzten Platz. Hier seien Menschen, die sich zu sehr nach der Uhr richteten, sogar ein ausgesprochenes Ärgernis.

Das lateinische Wort *Zeit* (tempus) kann auch mit *Schläfe* übersetzt werden. Im Pulsschlag der Zeit werden wir an unsere Sterblichkeit erinnert. Entsprechend zahlreich sind die Versuche, diese Begrenztheit zu überwinden, sei es im Glauben daran, dass es nach dem Leben weitergeht, sei es mit Versuchen, die Lebenszeit zu verlängern oder das Leben zu beschleunigen. Sie alle enden so wie bei Frisör Fusi in M. Endes Buch, der jeden Ratschlag der Zeitsparer befolgt hat und doch eine seltsame Erfahrung macht: »Von all der Zeit, die er einsparte, blieb ihm tatsächlich niemals etwas übrig. Sie verschwand auf rätselhafte Weise. Seine Tage wurden erst unmerklich, dann aber deutlich spürbar kürzer und kürzer.«

Versuche, Zeit besser zu managen, beginnen schon bei den Römern, und inzwischen erfüllen elektronische Timer immer vielfältigere Ansprüche. Diese Art der Lebensverwaltung scheint notwendig in einer immer komplexer werdenden Welt, sie führt jedoch noch nicht, wie häufig erwartet, zu mehr Effektivität oder gar Lebensqualität, manchmal sogar zu mehr Stress: Zum Beispiel dann, wenn Zeitprobleme mit extrem hohen Selbstansprüchen, Versagensängsten oder mangelnder Bereitschaft zu delegieren in Zusammenhang stehen. Viele verzetteln sich unter Druck, statt sich auf das Wichtige zu konzentrieren.

Dabei ist Zeit eigentlich höchst demokratisch verteilt. Sie ist nicht etwas, das wir haben, vielmehr entscheidet jeder selbst, wie viel er sich davon nimmt und wofür. Auch wenn das die beliebten Zeitmanagement-Ratgeber suggerieren: Zeit lässt sich nicht managen oder gar kontrollieren, nicht sparen und nicht horten. Auch der perfekte Zeitplaner hat nicht mehr Zeit, meistens kann oder muss er eher noch mehr tun, gemäß dem Sprichwort: *Wenn du etwas erledigt haben möchtest, wende dich an jemanden, der bereits viel zu tun hat.* Je mehr Zeit wir verplanen, umso geringer wird der persönliche Gestaltungsrahmen. Muße oder gar Leerlauf hat bei einem gut gefüllten Terminkalender keinen Platz. Ob diese Zeit erfüllt ist, steht sprichwörtlich auf einem anderen Blatt. Wir können also nur darüber entscheiden, wofür wir uns Zeit nehmen und wie wir sie verbringen, hier und jetzt. Dieses »Jetzt« in Bezug auf Zeit ist gnadenlos, weil nicht aufzuschieben. Es setzt also ständig neue, bewusste Entscheidungen voraus, um Lebensqualität in die Gegenwart zu holen. Wir können diese Entscheidungen auch lassen – aber wir können nicht nicht entscheiden. Wahrscheinlich ist für eine sinnvolle Zeitgestaltung weniger das Zeitmanagement wichtig als die Frage, welche Prioritäten Sie setzen wollen. Die häufigsten Zeitentscheidungen erfolgen nämlich nicht aufgrund eigener Einschätzung von Wichtigkeit, sondern aufgrund von Druck und Dringlichkeit, und die kommen meistens von außen. Das beste Rezept, um selbst irgendwann auf der Strecke zu bleiben, ist möglichst allen Anforderungen irgendwie gerecht zu werden.

2. Was, wann, mit wem, wozu?

Auf sich selbst hören zu können, ist eine Vorbedingung
dafür, dass man auf andere hören kann;
bei sich selbst zu Hause sein ist die notwendige
Voraussetzung, damit man sich zu anderen
in Beziehung setzen kann.

Erich Fromm

Wer ohnehin 35, 40 Stunden in der Woche oder mehr arbeitet, eine Familie und gesellschaftliche Verpflichtungen und folglich fast nie Zeit hat, der reagiert allergisch auf gute Ratschläge zu mehr Erholung oder auf die Aufforderung, mehr für sein Privatleben zu tun. Andererseits schränken die meisten unter Belastung und beim Versuch, es möglichst allen recht zu machen, gerade persönlich befriedigende und entlastende Tätigkeiten ein oder unterbrechen sie ganz – obwohl diese für die Belastungsbewältigung eigentlich vorteilhaft sind. In der Verhaltenstherapie werden Menschen, Ereignisse oder Dinge, die für das Wohlbefinden bedeutsam sind, als Verstärker bezeichnet, und Verstärkerverlust ist eine zusätzliche, indirekte Bestrafung dafür, dass jemand ohnehin überfordert ist. Manchmal werden diese befriedigenden Aktivitäten auch nach Bewältigung der Belastungsphase nicht wieder aufgenommen. Es fehlt also genau der Ausgleich, der notwendig ist, um alltägliche Anforderungen langfristig bewältigen zu können. So ist die Unterbrechung befriedigender Aktivitäten sowohl Konsequenz als auch Bedingung für Belastungserleben und ein wesentlicher Entstehungsfaktor für depressive Verstimmungen. Deshalb ist Verstärkeraufbau ein wichtiger Bestandteil bei der Therapie depressiver Erkrankungen.

Leider ist bei vielen auch Frei-Zeit oft mit Arbeit verbunden. Angesichts der Aufrüstung der Freizeitindustrie könnte der Verdacht aufkommen, dass viele die Vollzeitwoche um ein aktives Wochenende erweitern müssen, könnte sonst doch Nichtstun oder Langeweile aufkommen. Wie ist das bei Ihnen? Können Sie das noch genießen, freie Zeit ohne Freizeitjobs, Effizienzdenken und ohne Statussymbole? Einen langen Spaziergang machen, einfach in den Tag hineinleben, die Seele baumeln lassen? Hier ein paar Fragen dazu.

Übung **Bestandsaufnahme: Freie Zeit**

Es fehlt dem Müßiggang der Weisen nur an einem besseren Namen: Wie, wenn man sich bereitfände, Nachdenken, Sprechen, Lesen und Stillhalten Arbeiten zu nennen?

Jean de la Bruyere

Wie und womit haben Sie in den letzten vier Wochen Ihre freie Zeit verbracht?

____

____

____

____

Entspricht das Ihren Wünschen und Bedürfnissen oder möchten Sie etwas anders machen? Was und wie?

____

____

____

____

Versetzen Sie sich intensiv in eine Lebensphase, in der Sie nach eigenem Empfinden weniger belastet waren als jetzt. Wie und womit haben Sie damals Ihre freie Zeit verbracht?

____

____

____

____

Markieren Sie, wo Veränderungen zwischen früher und heute bestehen. Was haben Sie eingeschränkt oder aufgegeben, was ist dazugekommen?

____

____

____

Was haben Ihnen diese Tätigkeiten bedeutet, was bedeuten sie Ihnen heute?

Nehmen Sie sich etwas vor? Denken Sie bei der Beantwortung dieser Frage an die Tipps zur Zielformulierung (siehe 35 f.). Wenn Sie sich etwas vornehmen, sollte sich das höchstens auf die nächsten vier Wochen beziehen.

Vergnügungen

Der erste Blick aus dem Fenster am Morgen
Das wiedergefundene alte Buch
Begeisterte Gesichter
Schnee, der Wechsel der Jahreszeiten
Die Zeitung
Der Hund
Die Dialektik
Duschen, Schwimmen
Alte Musik
Bequeme Schuhe
Begreifen
Neue Musik
Schreiben, Pflanzen
Reisen
Singen
Freundlich sein.

Bertolt Brecht

Auch die folgende Übung eignet sich gut als Bestandsaufnahme, die Sie in regelmäßigen Abständen machen können, zum Beispiel viermal im Jahr. Wenn Sie die Blätter aufheben, können sie sinnvoll für eine Jahresbilanz bzw. Jahresplanung genutzt werden.

Übung

Balance der Lebensbereiche

»Meine Frau sagt immer,
ich kümmere mich nicht genug um die Kinder.«
»Wie viele Kinder hast du denn?«
»Drei oder vier.«

Vergegenwärtigen Sie sich, wie viel Raum (in Prozent ausgedrückt) in Ihrem Leben derzeit folgende Bereiche einnehmen, und tragen Sie die Zahlen unten ein:

Beziehungen und Partnerschaft

____

____

____

Leistung und Arbeit

____

____

____

Körper und Gesundheit

____

____

____

Werte und Sinn

____

____

____

Beurteilen Sie selbst, ob Sie sich mit diesen Relationen wohlfühlen. Bitte beachten Sie: Mit Balance ist nicht gemeint, dass alle Bereiche in gleichem Maß vertreten sind! Oft ist ein Schwerpunkt in einem Bereich bedingt und gewollt durch die Anforderungen bestimmter Lebensphasen wie Berufseinstieg, Stellenwechsel, Mutterschaft, Verliebtheit, Krankheit usw. Balancen sind instabil und immer neu auszuloten.

Wenn Sie möchten, schreiben Sie nun mit einer anderen Farbe daneben, wenn Ihnen in einem Bereich etwas fehlt, wenn Sie etwas ausbauen oder reduzieren möchten (am besten in Videotechnik) und welche Verhältnisse Sie sich bis zum nächsten Quartal oder Monat realistischerweise wünschen können.

Zur Bedeutung zwischenmenschlicher Beziehungen

Die Freunde, die man um vier Uhr morgens anrufen kann, die zählen.

Marlene Dietrich

Eine wesentliche Dimension gesunder Emotionsverarbeitung sind der Ausdruck von Gefühlen und die Mitteilung auch von belastenden Erfahrungen. Der Umgang mit Stress hängt also nicht nur von personeninternen Faktoren (Kompetenzen, Einschätzungen, Einstellung) ab, sondern auch von den externen Ressourcen, die zur Verfügung stehen. Dies kann emotionale Unterstützung sein, mittels derer wir die Erfahrung machen, dass wir geschätzt, geliebt, gebraucht werden; es kann sich aber auch um ganz konkrete Hilfsmaßnahmen im Sinne von Handlungen, Ratschlägen, Informationen, Rückmeldungen handeln. Die Auswirkungen sozialen Rückhalts und sozialer Unterstützung werden im Rahmen der so genannten Social-Support-Forschung seit den frühen 80er-Jahren intensiv untersucht. Alle Untersuchungen belegen, dass die sozialen Beziehungen eines Menschen grundlegenden Einfluss auf seine Gesundheit haben bzw. auf seine Chancen, nach Krankheit oder Lebenskrisen wieder zu Kräften zu kommen. Gute zwischenmenschliche Beziehungen sind das wirksamste Mittel gegen Stress und scheinen der wichtigste Schutzfaktor gegen Herz-Kreislauf-Erkrankungen zu sein: Menschen mit positiven Beziehungen erleiden 3- bis 5-mal weniger Herzinfarkte als einsame Menschen. In neueren Untersuchungen wurde sogar gezeigt, dass zwischenmenschliche Beziehungen Einfluss auf das Immunsystem und die Aktivität von Genen haben: Gesunde Personen, die unter ungewollter Einsamkeit litten, hatten eine Erhöhung des Stresshormons Cortisol und eine deutlich verminderte Funktion von Abwehrzellen. Zwischenmenschliche Unterstützung konnte diese Effekte rückgängig machen. Sie schützt nicht nur vor den negativen Auswirkungen von Stresserleben, sondern vermindert das Risiko, krank zu werden. Menschen, die ein stabiles, soziales Netzwerk oder zumindest einige zuverlässige Bezugspersonen haben und dies nutzen, werden leichter mit bedrohlichen Lebensereignissen und mit Alltagsbelastungen fertig. Sie lösen ihre Probleme nicht im Alleingang, sondern teilen sie mit anderen, deren Anteilnahme und Kompetenz sie sich sicher sind. Dörner (2004) sieht es als ein vitales menschliches Grundbedürfnis, soziale Bedeutung für andere haben zu wollen, Sorgen und Verantwortung füreinander zu teilen und sich in der Gemeinschaft aufgehoben zu fühlen. Alleinstehende, sozial isolierte oder in spannungsreichen Beziehungen lebende Menschen weisen bei allen Krankheiten das größere Belastungs- und Todesrisiko auf.

Diese Ergebnisse stehen in Widerspruch zur Illusion des ungebundenen Einzelkämpfers, der möglichst alle Probleme meistert, ohne auf andere angewiesen zu sein. Tatsächlich ist laut Umfragen fast für jeden beruflich stark eingespannten Menschen Partnerschaft und Familie das Wichtigste, die wenigsten leben aber danach. Dieser Wichtigkeit in Handlungen Ausdruck zu geben, setzt täglich neue Entscheidungen voraus, in großen, vor allem aber in kleinen Dingen.

3. Begrenztes Leben

Viele studieren, wie man das Leben verlängern kann, dabei müsste man es doch vertiefen.

Luciano di Crescenzo

Wenn wir das Thema *Ziele* auf Fragen unseres Lebens oder gar Glücks erweitern, hört es endgültig auf mit den Tipps. Persönliche Entwicklung und Vorstellungen von Glück werden individuell bewertet. Jeder verbindet in verschiedenen Lebensphasen damit etwas anderes. Private Lebenszufriedenheit und persönliche Leistungsfähigkeit in Einklang zu bringen, ist Lebenswerk und Lebenskunst, und das sind Fragen, die sich vor allem Dichter und Philosophen stellen. Die damit verbundenen Themen sind: *Was sind meine Lebensmotive und Ideale? Wofür hat sich das alles einmal gelohnt? Wofür will ich mich einmal engagiert haben?* Jeden von uns fliegen diese Fragen manchmal an: Wenn ein Untersuchungsergebnis oder eine Operation ansteht, wenn eine nahe stehende Person unerwartet stirbt, wenn unser Leben eine überraschende Wende nimmt. Diese Anflüge sind aber meistens auch schnell wieder vorbei, der Alltag wartet nicht. Doch:

Heute ist der erste Tag vom Rest Ihres Lebens — Übung

Nehmen Sie ein Maßband und schneiden Sie dieses auf die Länge Ihrer Lebenserwartung zu. Diese ist bei Frauen 81 Jahre, bei Männern 75 Jahre. Nun schneiden Sie Ihr derzeitiges Alter ab und halten in Händen: Ihr gelebtes Leben und die Zukunft, die Ihnen statistisch gesehen bleibt.

Die folgenden beiden Übungen beginnen mit einer Rückschau, denn: »Man muss das Gestern kennen, man muss auch an das Gestern denken, wenn man das Morgen wirklich gut und dauerhaft gestalten will« (Konrad Adenauer 1952). Es geht um wichtige Ereignisse und Stationen Ihrer bisherigen Lebensgeschichte. Üblicherweise präsentieren wir anderen Personen Bilder von uns, wie wir gesehen werden möchten, und achten darauf, uns nicht angreifbar und verletzlich zu zeigen. Wenn es nun um Life Events Ihres bisherigen Lebens geht, dann sind eben nicht nur die »Events« im Sinne von Erfolgsstorys gemeint, sondern auch Begebenheiten und Ereignisse, die schwer und vielleicht sogar unrühmlich, aber eben wichtig waren.

Wohl wissend, dass sich für viele Privates und Berufliches fast nicht mehr trennen lassen, habe ich dies hier dennoch getan. Sehen Sie selbst, ob das zwei unterschiedliche Geschichten sind und wo es Überschneidungen gibt.

Übung Mein privater Lebensweg

Glück ist Talent für das Schicksal.

Novalis

Notieren Sie wichtige Ereignisse Ihres bisherigen privaten Lebens wie Kapitelüberschriften für das Inhaltsverzeichnis Ihrer Autobiographie. Welches waren besonders glückliche Ereignisse? Welches waren schwere Phasen? Es werden vorhersehbare und sogar geplante Ereignisse auftauchen und überraschende, plötzliche Veränderungen. Wie würden die Kapitelüberschriften heißen?

____

____

____

Wenn Sie möchten, fügen Sie einige Kapitel für die Zukunft hinzu, mit schweren Ereignissen, die Ihnen noch bevorstehen könnte und solchen, die Sie sich besonders wünschen.

____

____

____

Analog zur ersten Übung geht es hier um Stationen und Erfahrungen Ihrer beruflichen Laufbahn, die Ihre Entwicklung geprägt und beeinflusst haben. Dabei geht es nicht darum, eine Karriereleiter darzustellen, sondern eher um die Frage, was einzelne Wendepunkte und Phasen Ihres Berufslebens (Sitzenbleiben, Ausbildungen, Arbeitsplatzwechsel, Beförderungen, Arbeitslosigkeit, Umschulungen etc.) für Sie und für Ihre Entwicklung bedeutet haben. Beginnen Sie mit dem Ereignis, das Sie als erste Station Ihres beruflichen Weges sehen. Wie würden die Kapitelüberschriften Ihrer beruflichen Autobiographie heißen?

Wenn Sie möchten, können Sie auch einige Zukunftskapitel anhängen, was Sie beruflich noch erreichen möchten.

Einstein hat einmal gemeint, wer sein eigenes Leben als sinnlos empfinde, der sei nicht nur unglücklich, sondern auch kaum lebensfähig. Tatsächlich kommt dem Willen zum Sinn etwas zu, das die amerikanische Psychologie als »survival value« bezeichnet. Es war nicht zuletzt die Lektion, die ich aus Auschwitz und Dachau mit nach Hause nehmen konnte; dass diejenigen noch am ehesten fähig waren, sogar noch solche Grenzsituationen zu überleben – diejenigen, sage ich, die ausgerichtet waren auf die Zukunft, auf eine Aufgabe, die auf sie wartete, auf einen Sinn, den sie erfüllen wollten.

Frankl, V. (1979): Der Mensch vor der Frage nach dem Sinn. Seite 154. München: Piper.

Deshalb an Sie hier als letzte Fragen dieses Kapitels:

Übung

Wofür wird das alles einmal gut gewesen sein? Was ist Ihnen wirklich wichtig? Was ist Ihre Berufung?

____

____

____

____

VIII Das war's. Und wie geht es jetzt weiter?

Eine Sache ist es, den Weg nur zu kennen,
eine andere Sache, ihn zu gehen.

Morpheus

Nun ist dieses Buch also geschrieben, vom Winter in den Frühling hinein. Es ist eine kurze Zusammenfassung von einigen Bausteinen geworden, die wichtige Bestandteile in Stressseminaren sind. Beim Schreiben wurde mir wieder einmal deutlich, dass die Beschäftigung mit diesem Thema nicht abzuschließen ist, dass sie je nach eigenen Lebensfragen und Themen immer etwas andere Schwerpunkte und neue Aspekte hat. Ich möchte meine therapeutische Erfahrung bei diesem Thema keinesfalls missen, aber letztlich geht es um weit mehr – und da haben Berater und Therapeuten ebenfalls noch zu lernen: Jeder Einzelne muss sein Leben selbst leben. Wie schon im ersten Kapitel angesprochen, können die Nachfrage und die entsprechende Flut von Literatur zu Themen wie Lebensbewältigung und Lebenskunst gleichermaßen sorgen und freuen. Sorgen deshalb, weil viele Menschen offensichtlich orientierungslos scheinen in einer Zeit, in der Normen, Traditionen und Gepflogenheiten keine Orientierung mehr geben. Erfreulich ist, dass sie sich ja offensichtlich zu sorgen beginnen – um die eigene Existenz und um das Überleben der Menschheit. Dass es für diese Sorge nie zu früh ist, zeigen die zahlreichen, ebenfalls wieder stark im Handel vertretenen Werke griechischer Philosophen, welche die Selbstsorge als Grundlage der Lebensbewältigung empfohlen haben. So wünsche ich Ihnen wie mir, dass das Aufschreiben bzw. Lesen dieses Büchleins anregt, »dranzubleiben« und zum Tun zu kommen, immer neu und immer wieder, denn »... jedem Anfang wohnt ein Zauber inne, der uns beschützt und der uns hilft zu leben« (Hermann Hesse). Über Anfang und Ende und die Übergänge dazwischen handelt dieses letzte Kapitel.

Überblick

1. Übergänge
Was sind Rituale?
Übung: Meine Rituale
Übung: Abschied

2. Ihr Strauß an Möglichkeiten
Übung: Was ich gern in den Alltag mitnehmen möchte...

1. Übergänge

Zum Schluss dieses Buches möchte ich Sie einladen, noch einmal innezuhalten und nachzudenken, wie Sie mit Abschied, Übergängen, Neuanfängen umgehen. Jede Kultur und jeder Mensch hat für solche Anlässe eigene Rituale. Heutzutage sind Richtungswechsel in Biographien so schnell und so häufig, dass sie geradezu selbstverständlich geworden sind und immer seltener bewusst begangen und »markiert« werden. Die hohe Rate von Orts-, Berufs-, Partnerwechseln macht psychische und soziale Mobilität zum Markenzeichen unserer Gesellschaft. Rituale für solche Anlässe sind nicht mehr üblich oder sie sind ihres ursprünglichen Sinns entleert. Vor allem negative Lebensereignisse werden übergangen – oder haben Sie schon einmal eine Scheidungsanzeige gelesen? Wie werden an Ihrem Arbeitsplatz Mitarbeiter verabschiedet, die gehen (müssen)? Wie beginnen Sie Ihr Leben neu nach einer überstandenen Gefahr wie einer schweren Erkrankung, einem Unfall, einem Verlust? Als Einstimmung zum Thema können Sie sich an Rituale erinnern, die Sie aus Ihrer eigenen Geschichte oder von anderen kennen.

Was sind Rituale?

Zunächst einmal sind Rituale Handlungen, die von Einzelnen oder Gruppen durchgeführt werden und grundlegende menschliche Bedürfnisse nach Sicherheit, Zugehörigkeit und Struktur befriedigen sollen. Die Kraft von Ritualen liegt darin, dass sie Bedeutung und Ordnung in einer bedrohlichen und unsicheren Welt herstellen und helfen, sich nicht ausgeliefert, allein und hilflos zu fühlen. Besonders Kinder reduzieren mit bestimmten Alltagsritualen Angst und Stress, sei es durch bestimmte Aktivitäten (z. B. auf der Straße nur auf die hellen Pflastersteine treten) oder durch magische Helfer, die beschützen und beistehen sollen. Ein geregelter Tagesablauf mit festen Alltagsritualen vom Zu-Bett-Gehritual übers Geweckt-Werden, den Abschiedskuss an der Tür bis zum gemeinsamen Mittagessen hat große positive Auswirkungen auf die Widerstandskraft und Selbstsicherheit von Kindern. Auch für Erwachsene sind Rituale hilfreich, um zur Ruhe zu kommen in Zeiten, in denen nichts mehr gewiss ist. Während laut Umfragen über 80% befragter Familienangehöriger den gemeinsamen Familientisch als Ort von Gemeinsamkeit und Kommunikation schätzen, gibt es dieses Familienritual nur noch in den wenigsten Haushalten, am ehesten noch am Wochenende.

Rituale markieren aber auch Veränderung und Übergang. Alle Kulturen begehen Geburt, Tod und zyklische Veränderungen in der Natur mit besonderen Ritualen, und auch traditionelle Gesundheitspraktiken wurden und werden in manchen Kulturen bis heute in Rituale und Zeremonien eingebettet. Sie schaffen Verbundenheit und fördern den Zusammenhalt mit den Mitgliedern einer Gruppe, bieten einen bestimmten Raum und eine besondere Zeitspanne, um innezuhalten und über Veränderungen und die Vergänglichkeit des Lebens gemeinsam nachzudenken.

Auch jedes einzelne Menschenleben ist durch mehr oder weniger markierte Lebensphasen und Lebensereignisse gekennzeichnet. Einige sind vorhersehbar und in gewisser Weise planbar: Geburtstage, Schuleintritt, Abitur, Berufseinstieg, Heirat, Pensionierung usw. Je nach Kultur und häuslichem Umfeld werden diese Anlässe begangen oder gar gefeiert und sogar durch

Symbole oder bestimmte rituelle Gegenstände (Schultüten, Geburtstagskuchen, Zeugnisse, Eheringe und Ehegelöbnisse usw.) gekennzeichnet. Was halten Sie selbst von Ritualen? Welche Regelmäßigkeiten und Rituale praktizieren Sie, die Ihnen wichtig sind?

Übung **Meine Rituale**

____

____

____

Sind Ihnen beim Nachdenken hilfreiche eigene und familiäre Rituale eingefallen, die Sie aufgegeben haben? Wie kam das? Wie denken Sie darüber?

____

____

____

Wann wurden Sie zum letzten Mal gefeiert? Wie war das für Sie?

____

____

____

Das Leben hält aber auch nichtgeplante oder kurzfristige Wendepunkte und Veränderungen bereit: Trennung, Scheidung, Berufswechsel, Arbeitslosigkeit, Krankheit. Jede Art von Wechsel (auch positiver wie Familienzuwachs, Beförderung usw.) geht mit Irritation, Gefühlsturbulenzen und Ängsten einher, und umgekehrt deuten Krisen auf notwendige Veränderungen hin. Psychische Gesundheit und Lebensglück hängen unter anderem davon ab, wie gut die Übergänge zwischen verschiedenen Lebensabschnitten gemeistert werden.

In traditionellen Kulturen werden für solche Wendepunkte des Lebens so genannte Übergangsrituale praktiziert. In unsere

Welt übertragen, sind die Aussagen und Themen solcher Rituale: Abschied (symbolischer Tod), Chaos und Wiedergeburt. Damit ist gemeint, dass Altes auf gute Art abgeschlossen, verabschiedet, beendet werden soll, damit neue Ziele unbelastet in den Blick genommen werden können. Zwischen Abschied und Neubeginn bedarf es oft einer Phase der Neuorientierung und Klärung darüber, wie es weitergehen soll.

Bei der folgenden Übung sind Sie eingeladen, darüber nachzudenken, welche Abschiede Sie schon erlebt und wie Sie sie begangen bzw. bewältigt haben: gravierende (Tod, Trennung, Scheidung, Umzug, Jobwechsel) und alltägliche Abschiedssituationen (Ende des Arbeitstages, Wochenende, morgendlicher Aufbruch zur Arbeit usw.).

Abschied **Übung**

Welche Abschiedssituationen aus Ihrem früheren und jetzigen Leben fallen Ihnen spontan ein?

____

____

____

Haben Sie bei nicht alltäglichen Abschieden immer ein »gutes Ende« gefunden? Wie haben Sie das gemacht? Was würden Sie heute anders machen?

____

____

____

Stehen in der nächsten Zeit Abschiede/Neuanfänge an? Wie möchten Sie diese begehen?

____

____

____

Denken Sie öfter an Ihren eigenen Tod?

Angesichts der Begrenztheit des Lebens: Sind Sie mit Ihrem jetzigen Leben zufrieden und welche Dinge wollen Sie ändern?

Was steht dem im Wege, wer kann Ihnen dabei helfen?

Mit wem, wo und wie möchten Sie Ihre letzte Zeit verbringen?

2. Ihr Strauß an Möglichkeiten

Es ist nicht genug zu wissen, man muss auch anwenden; es ist nicht genug zu wollen, man muss auch tun.

Johann Wolfgang von Goethe

In diesem Buch ging es um körperliche, gedankliche und gefühlsmäßige Aspekte von Belastung und von Wohlbefinden. Wesentliche Begriffe, die in jedem Kapitel vorkamen, waren: Wahrnehmung, Achtsamkeit, Akzeptanz, Wissen, Umsetzung. Es gibt viele unterschiedliche Methoden, Techniken und Haltungen zur Bewältigung von Belastungen. Sie alle sind von Person zu Person und von Situation zu Situation unterschiedlich gut geeignet. So mag sich der eine für die regelmäßige Durchführung von Entspannung entscheiden, der andere findet wieder Gefallen an einem Hobby, wieder andere spüren als Erstes, wie wichtig regelmäßige Bewegung ist, und fangen damit an, etwas regelmäßig für sich zu tun. Im besten Fall haben Sie einige Hinweise und Ideen bekommen, die Sie in Ihrem Alltag nutzen und weiter ausbauen möchten.

Ein letztes Innehalten also. Und wenn Sie möchten, blättern Sie noch einmal zurück, schauen Sie auf Ihre Notizen. Vielleicht fällt Ihnen etwas auf oder ein, was Ihnen wichtig ist, woran Sie in der nächsten Zeit öfter einmal denken oder was Sie beachten oder tun möchten. Vielleicht waren es bestimmte Themen, die hier anklangen, vielleicht Umstände, in denen Sie in diesem Buch gelesen haben, Anekdoten, Erlebnisse, Aktivitäten… All das können Sie im Folgenden noch einmal notieren unter der Überschrift:

Was ich gern in den Alltag mitnehmen möchte… Übung

Wenn Sie wollen, kopieren Sie dieses Blatt, falten Sie es zusammen und packen Sie es ein, sodass Sie ein ganz persönliches Geschenkpäckchen haben. Dieses können Sie eine Weile mit sich nehmen, zum Beispiel in der Mantel- oder Jackentasche. Sie können es auch ins Regal oder in die Schreibtischschublade oder eben dahin legen, wo Sie sich ab und zu an Ihre guten Vorsätze und Ressourcen erinnern wollen. Sie können es natürlich auch verlieren oder verlegen, vielleicht treffen Sie sogar jemanden, der so ein Päckchen auch einmal gepackt hat…

Wenn ich mein Leben noch einmal leben könnte

Wenn ich mein Leben noch einmal leben könnte,
im nächsten Leben würde ich versuchen, mehr Fehler
zu machen.
Ich würde nicht so perfekt sein wollen,
ich würde mich mehr entspannen,
ich wäre ein bisschen verrückter, als ich es
gewesen bin,
ich würde viel weniger Dinge so ernst nehmen,
ich würde nicht so gesund leben,
ich würde mehr riskieren,
würde mehr reisen,
Sonnenuntergänge betrachten,
mehr bergsteigen,
mehr in Flüssen schwimmen.
Ich war einer dieser klugen Menschen,
die jede Minute ihres Lebens fruchtbar verbrachten;
freilich hatte ich auch Momente der Freude,
aber wenn ich noch
einmal anfangen könnte,
würde ich versuchen, nur mehr gute Augenblicke zu
haben.
Falls du es noch nicht weißt,
aus diesen besteht nämlich das Leben.
Nur aus Augenblicken;
vergiss nicht den jetzigen.
Wenn ich noch einmal leben könnte, würde ich von
Frühlingsbeginn an
bis in den Spätherbst hinein barfuß gehen.
Und ich würde mehr mit Kindern spielen,
wenn ich das Leben noch vor mir hätte.
Aber sehen Sie… ich bin 85 Jahre alt und weiß,
dass ich bald sterben werde.

Jorge Luis Borges

Literatur, die für dieses Buch verwendet wurde

Achenbach, G. (2000): Das kleine Buch der inneren Ruhe. Freiburg: Herder.

Achenbach, G. (2001): Lebenskönnerschaft. Freiburg: Herder.

Antonovsky, A. (1997): Salutogenese. Zur Entmystifizierung der Gesundheit. Tübingen: dgvt.

Bauer, J. (2004): Das Gedächtnis des Körpers. München: Piper.

Brooks, C. V. W. (1991): Erleben durch die Sinne – Sensory Awareness. München: dtv.

Ciompi, L. (1997): Die emotionalen Grundlagen des Denkens – Entwurf einer fraktalen Affektlogik. Göttingen: Vandenhoeck & Ruprecht.

Csikszentmihalyi, M. (1992): Flow: Das Geheimnis des Glücks. Stuttgart: Klett-Cotta.

Damasio, A. R. (1994): Descartes' Irrtum. Fühlen, Denken und das menschliche Gehirn. München: List.

Damasio, A. R. (1999): Ich fühle, also bin ich. Die Entschlüsselung des Bewusstseins. München: Ullstein.

Deckstein, D. (2005): Angst ist kein Motivator. Süddeutsche Zeitung vom 18. April 2005, S. 23.

Dörner, K. (2004): Das Gesundheitsdilemma. Berlin: Ullstein.

Drexler, D. (2006): Das integrierte Stress-Bewältigungs-Programm (ISP). Stuttgart: Klett-Cotta.

Ellis, A. (1997): Die rational-emotive Verhaltenstherapie. München: Pfeiffer.

Ende, M. (1973): Momo. Stuttgart: Thienemann.

Ernst, H. (2005): Das gute Leben. Berlin: Ullstein.

Frankl, V. (1979): Der Mensch vor der Frage nach dem Sinn. München: Piper.

Gollub, M., Haak, K. (1998): Augentraining. Niedernhausen: Falken.

Grove, A. S. (2002): Nur die Paranoiden überleben. München: Heyne.

Hätscher-Rosenbauer, W. (1996): Augenschule für gesundes Sehen. München: Südwest-Verlag.

Herwig-Lempp, J. (2004): Ressourcenorientierte Teamarbeit. Göttingen: Vandenhoeck & Ruprecht.

Hinsch, R., Pfingsten, U. (2002): Gruppentraining sozialer Kompetenzen. Weinheim: Beltz PVU.

Huether, G. (1997): Biologie der Angst. Wie aus Stress Gefühle werden. Göttingen: Vandenhoeck & Ruprecht.

Huether, G. (2003): Wie aus Stress Gefühle werden. Betrachtungen eines Hirnforschers. Göttingen: Vandenhoeck & Ruprecht.

Jacobson, E. (1996): Entspannung als Therapie. Stuttgart: Pfeiffer bei Klett-Cotta.
Kabat-Zinn, J. (1999): Stressbewältigung durch die Praxis der Achtsamkeit. Freiburg: Arbor.
Kaluza, G. (2004): Stressbewältigung. Trainingsmanual zur psychologischen Gesundheitsförderung. Berlin: Springer.
Koppenhöfer, E. (2004): Kleine Schule des Genießens. München: Dustri.
Kubitscheck, St., Kirchner, J.-H. (2005): Kleines Handbuch der Arbeitsplatzgestaltung. München: Hanser..
Landau, K. (Hrsg.) (2003): Good practice. Stuttgart: Ergonomia.
Lechner, O., Schweisfurth, K. L. (2003): Sieben Geheimnisse für ein gutes Leben. München: Ullstein.
LeDoux, J. E. (2001): Das Netz der Gefühle. München: dtv.
Lelord und Andre (2005): Die Macht der Emotionen. München: Piper.
Meichenbaum, D. (1985): Stress bewältigen! München: Ehrenwirth.
Neuhaus, R. (2002): Sicherheit und Gesundheitsschutz bei Büro- und Bildschirmarbeit. Köln: Deutscher Wirtschaftsdienst.
Nuber, U. (1999): Das Konzept Resilienz. Psychologie Heute, Heft 5/1999, 20–28.
Ostermeier-Sitkowski, U. (2000): Augentraining – so stärken Sie Ihre Sehkraft. München: Midena.
Rogers, C. R. (2002): Entwicklung der Persönlichkeit. Stuttgart: Klett-Cotta.
Roth, G. (2001): Fühlen, Denken, Handeln. Wie das Gefühl unser Verhalten steuert. Frankfurt: Suhrkamp.
Schelp, Th., Maluck, D., Gravemeier, R., Meuseling, U. (1990): Rational-emotive Therapie als Gruppentraining gegen Stress. Seminarkonzepte und Materialien. Bern: Huber.
Schmid, W. (2000): Schönes Leben? Einführung in die Lebenskunst. Frankfurt: Suhrkamp.
Steindl-Rast, D. (2005): Achtsamkeit des Herzens. Freiburg: Herder.
Stewart, I., Joines, V. (1990): Die Transaktionsanalyse. Freiburg: Herder.
Stollreiter, M., Völgyfy, J., Jencius, T. (2000): Stress-Management. Das Waage-Programm®. Mehr Erfolg mit weniger Stress. Weinheim: Beltz.